数学教学中培养学生创新意识研究

鲁艳萍　著

中国纺织出版社有限公司

内 容 提 要

本书讲述了如何在小学数学教学中培养学生的创新意识，着重介绍了思维导图与创新意识的关系、开放性数学教学与创新意识的关系和联结学习与创新意识的关系，创新意识对讲解数学、学习数学非常关键。在图形与几何领域的教学中，创新意识研究很重要，只有研究透彻才能在小学数学教学中培养学生的创新意识。

图书在版编目（CIP）数据

数学教学中培养学生创新意识研究 / 鲁艳萍著. --北京 ：中国纺织出版社有限公司, 2019.12（2024.3重印）
ISBN 978-7-5180-7024-4

Ⅰ. ①数… Ⅱ. ①鲁… Ⅲ. ①小学数学课－教学研究 Ⅳ. ①G623.502

中国版本图书馆 CIP 数据核字(2019)第 285293 号

责任编辑：舒文慧　特约编辑：吕　倩　责任校对：寇晨晨　责任印制：王艳丽

中国纺织出版社有限公司出版发行
地址：北京市朝阳区百子湾东里 A407 号楼　邮政编码：100124
销售电话：010—67004422　传真：010—87155801
http：//www.c-textilep.com
中国纺织出版社天猫旗舰店
官方微博 http：//weibo.com/2119887771
北京兰星球彩色印刷有限公司印刷　各地新华书店经销
2019 年 12 月第 1 版　2024 年 3 月第 3 次印刷
开本：710×1000　1/16　印张：7.5
字数：105 千字　定价 58.00元

前言

在科学技术飞速发展的信息时代，现代数学在各个领域被广泛地应用，成为一门与社会科学、自然科学并驾齐驱的学科。人们自古以来就没有停止过对数学的运用与创新，现代社会更需要创新。数学应用意识与创新意识已成为数学素养的重要组成部分，越来越受到人们的关注。这就要求人们掌握更多的数学知识，运用数学语言、数学技术，用数学的方式去思考，创造性地解决问题，让数学与生活有机地结合起来。

然而现实生活中，特别是我们国人，谈起数学的用处却很茫然，仅仅停留于一些简单的计算，生活中的运用少之又少，对于数学如何培养创新能力更是意识淡薄。因此，如何培养和发展学生的创新应用意识和能力，成为当前数学教育的重要课题。

培养小学生的创新意识是创新教育的一个重要组成部分，具有十分重要的意义。小学数学教学是培养学生创新意识的一个重要途径，具有明显的优势。创新意识是学生能充分发挥自己的潜能、积极主动地发现问题和解决问题的一种心理倾向，是一种求新、求异、求变的意识，是创新活动的出发点和内在动力，是学生形成创新素质的基础。创新意识包括创新品质、创新思维和创新方式三个要素。

目前，培养学生主动参与、乐于探究、勤于动手、搜集和处理信息的能力，获取新知识的能力，分析和解决问题的能力以及交流与合作的能力，是每一位教师探索的方向，也是课改的主题。大量的调查研究表明，机械、被动、死记硬背、模仿式的学习方法已经难以更好地培养学生的综合能力。

鲁艳萍

2019 年 6 月

目　录

第一章　中西方创新教育概述

作为世界教改主流的创新教育是一种什么样的教育呢？总的来说，凡有利于受教育者树立创新意识、培养创新精神、增长创新才干、训练创新思维、激发创新热情和开展创新活动的教育，均可称为创新教育。传统教育在工业社会完成了它的历史使命。今天，社会的变迁对教育提出了新的要求。无论是在国内，还是国外，以开发“人”的创新能力为首要目标的创新教育，都在如火如荼地进行。

第一节　我国的创新教育

我国创新教育研究起步较晚。在相当长的一段时间内，我国的创新教育是以创造教育的概念出现的。我们认为，创造教育也是以开发“人”的创新能力为首要目标的创新教育，所以，创造教育属于创新教育。

我国的创新教育曾经出现过各种各样的模式，这里，先列举几种主要的创新教育模式，以便说明其大致结构与主要特点。

一、以学科教学为创新教育主渠道的模式

这种模式是以课堂教学为主，在各学科教学乃至活动课教学中，充分挖掘、利用教育内容中的创新教育因素，进行创造性地“教”与“学”，来发展学生的创新能力。这种模式在各地普遍存在。

二、以创新能力训练课为主的模式

这种模式是通过开设专门的训练课发展学生的创新思维，培养其创新精神。这种课独成体系，并以特有的形式来进行。这种模式在许多地区的中小学、幼儿园已经存在。

三、以发明创造活动为主的模式

这种模式是组织学生开展课内外发明创造活动，进行各种设计、制作，以产生创造性的作品、产品或成果。这一模式大都有专门的教材，如重庆市巴蜀小学就编写了《小学生学创课教材》。这种模式一般采用制作、设计式教学方法，它的存在也很广泛。

四、以实践某种教育思想为主的综合性创新教育模式

这种模式是明确提出某种思想，并根据这种思想来设计相应的教育内容和形式，以产生综合的创新教育效果。如实践陶行知的创造教育思想，实践奥斯本的创新教育思想的模式等。

五、以创新学校的形式出现的模式

这种模式是把一些地区的小学改为创造学校，引进创新教育的内容，在各方面进行改革，培养具有创新能力的人才。

六、开发右脑模式

这种模式是通过教育教学改革，运用激活右脑的手段，使右脑得到开发，创造性形象思维得以顺利发展，进而开发全脑，促使学生的非逻辑思维能力和逻辑思维能力共同发展。这种模式在一些城市的中小学中有一定影响。

应当指出，近几年来，上述六种模式有几个新特点：第一是与素质教育密切结合，成为推动素质教育发展的有力杠杆；第二是初步形成的模式，其推广工作和深入进行的研究相互结合，相互促进；第三是各个地区各种不同模式相互取长补短，从实际情况出发，朝着构建创新教育体系的方向发展。

另外，还有台北市立师范学院创造思考教育中心主任陈龙安教授创立的两个模式。

（一）陈龙安三段模式

这一模式把创新教学过程划为三个阶段。第一阶段是暖身活动，教师要设置情境，激发学生的学习兴趣。第二阶段是主题活动，这是教学的主要活动，包括“问、想、说、写”四个步骤：“问”就是提出问题，“想”就是自由联想，“说”就是运用智力激励法让全体学生发表自己的见解，“写”就是让学生归纳整理。第三阶段是结束活动，主要是师生共同评估，指定下次主题式规定作业。

（二）陈龙安“爱的（ATDE）”模式

ATDE 是由问（Asking）、想（Thinking）、做（Doing）、评（Evaluation）四个英文单词的第一个字母组成的，其谐音为“爱的”。陈龙安教授认为：“爱是创造的原动力。”创新教学非常重视自由、民主、和谐的气氛，亦即“爱的表现”，也就是强调师生应“有容乃大”，容忍不同的意见，尊重别人，接纳别人，所以 ATDE 又称“爱的”模式。它具有以下特点。

（1）陈龙安教授提出一个良好创新教育模式的五项标准，即适合环境、综合性、弹性或适应性、实用性与有效性。

（2）ATDE 模式是综合了吉尔福特、奥斯本、泰勒、威廉姆斯模式及其他模式而形成的。

（3）ATDE 模式是由问、想、做、评四个要素构成的。

（4）ATDE 模式具有三项基本假设。一是推陈出新，强调在学生原有知识背景的基础之上，提供发散思维的空间，让学生充分发挥潜能，实施问、想、做、评活动。这绝非无中生有，而是推陈出新。二是有容乃大，强调“爱的教育”，延缓批判，能容忍不同或相反意见，以及提供和谐的教学气氛。三是弹性变化。问、想、做、评的程序根据实际情况可做弹性调整，灵活运用。

通过研究我国创新教育各种模式，不难发现各种模式都离不开教育学原理和创造学理论。然而，由于不同模式涉及的范畴、侧重点不同，其理论内涵也各具特点。另外，模式不同，评价标准和评价手段也不同。所以，各种模式的创新教育，在相当长的一段时间内只能作为一种改革实验，在部分地区和学校倡导实施。

目前，上述情况得到了根本性的改观，创新教育已经发展成了一股强有力的时代潮流。对此，原中央教育科学研究所阎立钦所长曾说：“创新教育是以培养人的创新精神和创新能力为基本价值取向的教育，其核心是在全面实施素质教育的过程中，为了迎接知识经济时代的挑战，着重研究和解决基础教育如何培养中小学生的创新意识、创新精神和创新能力的问题。”由此可见，我国现阶段的创新教育是全面关注全体中小学生创新意识、创新精神和创新能力的教育。进一步说，它的关注点是关注民族。一种崇尚创新的社会文化必将在创新教育的带动下形成和发展起来，一种有利于创新的社会行为习惯以及支持这种习惯的社会运行制度也必将在创新教育的带动下建立和发展起来。

第二节　国外的创新教育

“一个社会的丰富性是靠人的丰富性来实现的”，用这句话可以描述国外丰富多彩的创新教育。培养具有个性的人，培养人的自我创造性，是国外创造教育的目标和实质。

早在 1938 年，美国著名创造学家奥斯本就提出了“头脑风暴法”。这使人们对创新教育有了新的认识。奥斯本关于创造工程的理论，使美国和众多西方国家的创新教育研究专家受到极大启发，并因此派生出了诸多创造教育模式。其中，对我国借鉴意义较大的有以下五种。

一、威廉姆斯创造与情意模式

这一模式要求教师运用启发创造思维的方法，激发学生的创造行为。其结构包括三个层面：各种不同学科为第一层面，教师的各种教学方法为第二层面，激发学生四种认知特性和四种情意品质的发展为第三层面，通过三个层面来达到创新教学的目标。四种认知特性指的是流畅性、变通性、独创性和精密性，这些都是发散思维的心智特征。四种情意品质指的是好奇心、冒险精神、挑战精神和想象力。它们与学生的态度、价值、欣赏和动机等特质相联系。这些特质能促使学生与知识、事实、资料等发生实际的联系，产生有意义的学习。这些过程的训练，帮助学生兼顾逻辑与情感，使他们对好奇的事物进行猜测、假设、推敲和验证。

二、吉尔福特模式

这一模式以解决问题为中心。第一，以记忆储存为基础，问题解决的过程始于环境和个体的资料对神经系统的输入，经过注意的过程，以个人的知识储存为基础对资料加以选择，然后引起认识的运作，了解问题的存在和本质。第二，要进行发散思维，酝酿各种解决问题的方法。之后，通过集中思维，选择解决问题的方案。第三，未经过发散思维而集中思维解决问题。第四，在这一过程中，如果在某个方面产生了反对观点，就必须运用评价和鉴别。第五，在发散思维的情况下，有些取出的资料则避开评价和鉴别的作用，即拒绝批判。这是这一模式很重要的特点。

总之，这一模式以学生的知识、经验为基础，经过各种创造性思维而使问题得以解决。

三、奥斯本—帕内斯创造性解题模式

根据著名创造学家奥斯本的创造过程理论，美国创造教育专家帕内斯和同事一起制定了创造性解题模式。这一模式在大量训练计划中得到应用，被认为是效果最佳的模式之一。

这一模式要求以系统的方法解决问题，强调先想出各种各样的可能方法，然后再选择解决方案并执行。其基本假设有两个：一是认为每个学生都具有不同程度的创造力，也可以通过练习和实践提高创造力，同时知识在创造力的培养中仍非常重要，一个人如果没有预先储备的知识则不能创造；二是认为教师能够而且应该教导创造行为。为了安排一种易于学习创造行为的气氛，教师必须建立一个能够自由表达的环境，鼓励幽默，酝酿一些想法，追求思考的质和量。

创造性解题的训练有相互紧密衔接的几个步骤，训练时要求循序渐进，并且完成每一步骤的具体任务时，都要运用发散思维和集中思维。创造性解题训练分为以下几个步骤。

（1）困境发现。在解决问题过程开始前，学生的准备工作是找出自己关心的问题并确定解决问题的一般目标，这称为“困境发现”。

（2）事实发现。要求学生集中考察有关困境的事实基础。

（3）问题发现。要求学生根据事实信息，提炼出具体的问题陈述，确立所要解决的问题。这时，要提出尽可能多的问题和子问题，再选出可能提示事物本质的问题，并予以陈述，以便作为下一步骤的起点。

（4）设想发现。要求学生运用智力激励法和其他创造技法，提出许多解题设想或方案，然后再选出若干较有希望的设想。

（5）解法发现。首先，要求学生提出解法优劣的评价标准；其次，要求学生用这些标准对那些较有希望的设想进行筛选；最后，要求学生选出最佳解法。

（6）接受发现。要求学生找出使人接受该方法的办法，以便使该方法得以实施。解法被人接受之后，就应该制定实施该方法的计划，采取行动，解决问题。这一问题解决了，不能止步，接着还要面对新的挑战。

四、泰勒发展多种才能模式

这一模式的基本假设是：几乎所有的学生都具有某种才能，但大多数教师只注意学科成绩而忽视了这些才能，没有给学生得以发挥的机会。如果学校在学科学习之外，多发掘一些学生的其他能力，许多学生将被发现至少在某一领域中具有某些特殊才能，并且能够有卓越的成就表现。这可以帮助学生建立良好的自我意识，奠定信念，表现出学习的自觉性，获取更多知识，最后充分发挥潜能，其效果远远高于教师的讲授。这里所说的多种才能包括创造的、决定的、计划的、预测的、沟通的和思考的才能。这一模式要求发展多种才能，因此，必须明确不同阶段的重点。

（1）在课程开始之初，让每个学生经历每一种才能的训练。当学生显示出不同的优点和缺点时，便可开始分组活动。这时，要引导学生选择自己擅长的领域，参与小组活动。

（2）重视教学过程，强调知识的获取过程重于其所获得的结果。

（3）教学活动应以开放性、自由性、多样性的方式进行。学生大胆计划，进行预测，设计程序。而后，教师提出问题，并要求学生实施部分过程。

（4）教师必须重视学生的观念、疑问和困难，对在集体讨论中出现的不同答案及反应及时进行引导。教师要引导大家去发现一些有效的方式，以便成功地解决问题。

（5）在非学业的活动中鼓励学生独立学习。这一点在计划的、决定的和预测的才能领域尤为重要。

（6）开放性与接纳性并重。在发散思维时，不多做批评，强调量胜于质；鼓励学生从不同意见中选择独特的意见，强调质胜于量。还要尝试将意见付诸实施，以评估其可能性。

五、戴维斯模式

这是由美国创造学家和教育心理学家 G.A.戴维斯在 1980 年提出的，由四个环节构成的创新能力开发模式。它描述了提高创造力的各个步骤，概括了有关创造学的专题知识，从而为强化创新意识和态度，提高创新思维能力，掌握创造技法提供了一个合理安排教学内容和教学活动的框架。这个模式由意识（Aware）、理解（Understand）、技法（Technique）和实现（Achieve）四个环节组成，取每个英文单词的第一个字母，合起来缩写为 AUTA。

（一）意识

提高创造意识是教学的第一步。这一步的目的是通过教学使学习者了解发明创造对社会历史发展的巨大作用和创新能力在个人成长中的重大意义。主要是讲授有关发明创造的历史知识和创造力在著名人物成长过程中的作用等内容，通过讨论使学习者意识到提高创新能力的重要性，可以说这是创新能力训练的提高认识阶段。

（二）理解

理解创造力的特点、性质和创造过程的规律性。这个环节的目的是使学习者增加有关创造学的知识，澄清以往的模糊认识，减少盲目性，增强自觉性。在这个阶段可以安排下列教学内容：创新型人才的特征、创新性设想的性质、创新过程、创新能力、创造力测验等。可以说，这是创新能力训练的知识准备阶段。

（三）技法

讲授各种创新思维技法。戴维斯将这些技法分为两类：一类是通用的创造技法，如头脑风暴法、列举法等；另一类是因人而异的，如利用比喻，从理想法开始思考，推测若干年后问题将如何解决等。这些方法若经概括和提炼，也可成为通用的创造技法；同样，通用技法的熟练和运用也会因人而异。因此，这两类方法的界限是相对的。在讲授上述方法的过程中，要注意形成轻松、活泼的气氛，辅之以相应的练习，注意提高学习者的积极性等问题。这一阶段可以说是掌握方法阶段，是创新能力训练中最核心的一个环节。

（四）实现

自我实现是 AUTA 模式的最后阶段，它是整个教学过程的理想结果。自我实现是指一种健康的心理趋势，指一个人在生活的各方面都表现出灵活性、开放性和创造性。创造力训练的目标就是使学习者能够努力发挥自己的潜能。上述五个模式，仅仅是西方创新教育点上的代表。在知识经济时代，西方的创新教育在上述“点”的基础上，早已全面铺开并如火如荼地发展起来。这应该引起我们的高度重视，我们也要奋起直追。

第三节　中西方创新教育的比较

留美博士黄全愈先生在《素质教育在美国》一书中举了这样一个例子：一位美国教师在昆明进行教学交流时，看到中国孩子们的画技非常高，就出了一个“快乐的节日”的命题让中国孩子去画。结果，她发现很多孩子都在画一个同样的事物——圣诞树。后来，她把墙上的圣诞树覆盖起来，结果出现了一个尴尬的场面，孩子们无从下笔。这个例子，值得我们思索，创作不是“拷贝”，也不是“克隆”。同样，创新不是模仿，更不是空想。黄先生说得好：“眼里的画只能是别人的画，只有心里的画才是自己的画。”不同的文化背景，孕育了不同的教育、教养方式。同样是培养创新能力的创新教育，中西方却存在较大的差异。

从教育观念上说，创新教育都以面向现实、面向未来为价值方向。实施创新教育，无论是中方还是西方，都有自己的思想和理论体系。相对来说，我国在实施创新教育时，多以创造哲学为指导。而国外，创新教育多以心理学为指导，注重学生的发现和探究过程，是一种信息双向传达的教育观。从教学方法上说，国外创新教育以学生为主体，引导学生主动、自觉地学。重视启发法、发现法、问题教学法等方面，也有优于国内创新教育的地方。

第二章　创新教育与数学创新意识

第一节　创新与创新教育

一、创新的含义

创新既包括事物的发展过程，又包括事物发展的结果。“创”是动词，而“新”在此是代词，意为“一切新思想或新事物”。所谓创新是作为活动主体的人根据一定的目的，运用一切已知信息，产生出某种新思想或新事物的活动。其根本特征是变革，是进步，是超越。这里的“新思想”是指以某种形式存在的思维成果，“新事物”是指以某种客观形式存在的活动成果。因此，创新强调在原有知识、技能、技巧等基础上有所前进，有所发现，有所突破，体现的是对现有事物的更新和改造。

所谓创新，就是不落俗套，大胆实践，大胆探索，有独到见解的行为，是一个对新环境的接受并加以开发的过程，是一种弃旧图新、自强不息的精神。在生活中，创新的本质就是对原有事物及现有状态所进行的具有积极意义的改变，核心是“一种改变”。但需要注意的是，创新并不等于标新。

“创新”意味着发现和超越，意味着打破常规，发人所未发。对于小学生而言，对创新不能理解得太狭隘和绝对化。很显然，正在成长的青少年学生要做出某种绝对的“新发现”是十分困难的，许多令他们欣喜若狂的“发现”，其实往往只是别人早已知晓的常识，教育者对此应当怎样评价呢？我想，只要这个“发现”是经过学生自己探究获得的，就可以视为创新——相对于学生已知领域的创新。肯定这种“相对创新”无疑能保护学生的创造积极性，有助于他们将来做出超越他人的真正创造。

创新不能只从结果上看，实际上，青少年学生创新精神的可贵不仅在于结果的“新”，更在于“创”——获得“新”的过程。

二、创新教育的界定

关于创新教育的界定，主要有两种不同的看法，一种认为创新教育即培养创新人才的教育，另一种认为创新教育是一种教育思想或教育理念。

创新教育的内涵：创新教育不是一种单纯训练学生发明创造的技巧的教育，而是一种旨在培养受教育者的创新能力（包括创新意识、创新精神等）的教育；创新教育不是一种培养少数尖子学生的英才教育，而是一种面向全体学生的素质教育；创新教育不是一种只重结果创新的教育，而是一种既重结果、更重过程创新的教育；创新教育不是一种以挖掘个体某项创新潜力为价值目标的教育，而是一种要从个体的心智中源源不断地诱导出一些提供最佳创意的人格特征的教育。

笔者认为，创新的基础是继承，继承的活力在于创新，创新教育的过程就是对传统教育的改革和扬弃的过程，它具有明显的改革特征。

第二节　创新意识的理论基础

一、创新与创新意识的含义

对创新的理解是正确认识创新意识的前提。创新是一个很广泛的概念，就一般意义而言，创新是指个体或人群根据一定的目的，运用已知的信息，产生出某种新颖、独特、有价值的产品。对小学教育来说，创新应定位为：通过对学生的教育和引导，使他们善于发现和认识有意义的新知识、新事物、新方法，掌握其中蕴含的基本规律，并具备相应的能力，为将来成为创新型人才奠定全面的素质基础。

“意识”是个多义词，在哲学上，通常把思维、精神和意识作为同一类概念来运用，都指人脑对客观现实的反映。在生理上，一般把意识看作觉醒、知晓的状态。在心理上，则把意识看作是自觉的心理活动，有时还把“意识”与“心理”作为同一概念运用。意识能使人的行为具有目的性，它能在人的行为过程中产生内部调节和控制的力量。创新意识就是推崇创新，追求创新，以创新为荣。学生的创新意识是指学生要用新的思路、新的方法去发现和解决问题。学生创新意识的形成与发展是培养学生创新能力、造就创新人才的基础。创新意识一般包括三个层次：第一是以人的心理状态存在的创新意识，也可以称为人的创新精神品质；第二是以理论形态存在的创新意识；第三是以扩展形态存在的创新意识。创新意识的建立有赖于一系列良好的心理品质，这些心理品质主要有求知欲、兴趣、怀疑感、自信心、思维的独立性等。

数学创新意识主要是指对自然界和社会中的数学现象具有好奇心，不断追求新知、独立思考，会从数学的角度发现和提出问题，并用数学方法加以探索、研究和解决。主要表现为对数学创新的态度和认识，是在后天的环境与数学教育影响下形成并发展起来的一种稳定的心理倾向。对学生而言，数学创新更多的是指学生在学习过程中所表现出来的探索精神，发现问题、提出问题、掌握数学思想方法的强烈愿望以及运用所学知识创造性地解决问题的能力。

从心理学的角度来看，数学创新意识的结构要素主要有以下几种。①数学创新欲望。数学创新欲望是学生进行数学创新活动的直接驱动力。只有学生有了数学创新的欲望，才可能不断进行有意识的、有意义的数学创新活动，才能达到创新的目的。②数学创新情感。它是基于对数学创新活动的价值认识和内在的创新需要而产生的激情以及其在创新过程中的审美体验和成功体验。数学创新情感可以维持和增强数学创新欲望。③数学创新观念。它是指推崇创新，追求创新的理想、信念、价值观念、文化观念等。数学创新观念还表现为良好的量化意识和数感，运用数学的意识以及“用数学的眼光”看问题的习惯等。数学创新观念和内容的差异，会影响到其创新情感的激发和创新欲望的产生。

二、创新意识培养的心理学理论基础

要培养学生的创新意识、创新精神和创新能力，就要遵循学生的心理发展规律，以心理学的科学理论为基础。

（一）创造心理与创新意识

1. 创造力的形成

创造力是以个体的认识、行动和意识的充分展开，进行创新思维并取得成果为标志的。创造力因个体心理基础的不同而表现不同。美国心理学家泰勒将创造力由低到高分为五个层次：一是表达式创造力，以自由和兴致为心理基础；二是生产式创造力，以模仿、应用现成原理、原则为心理基础；三是发明式创造力，以一种新眼光看待事物为心理基础；四是革新式创造力，以对创新问题的全面把握、创新知识的必备和创新领域的充分了解为心理基础；五是高深创造力，以具有处理复杂、深奥的资料和创立新的理论学说能力为心理基础。按照泰勒的观点，表达式创造力是其他创造力的基础，其他创造力是由低向高逐步形成和发展的。

2. 小学生创新能力的特点

让小学生有很强的创造力是不现实的，但是培养学生的创新意识和创新精神是数学教师义不容辞的责任。由于学生自身年龄阶段的特点，其创新主要表现在：第一，每个学生都有创新的潜能和意识，只不过表现形式因人而异，有的创新能力强，有的显得比较弱；第二，从创新的层次来看，小学生的创新基本上表现为表达式创造力，根据兴趣、爱好决定，以生产式为主，很少有发明革新，更谈不上高深的创新；第三，每个学生创新能力的表现不同。因为大量的心理学研究表明，创新思维不仅与每个人的智力有关，还与人的非智力因素有密切关系。美国心理学家特尔曼对 800 名男性进行了调查，对各占 20%的成就最大的和成就最小的被试者进行比较分析，发现这两组人最为明显的差别在非智力因素方面，有好奇心、求知欲高、兴趣浓、自信心和独立性强是高成就者共同的心理特征。因此在数学教学中要尊重学生的个性和想象力，创设保持学生好奇心、求知欲、敏锐观察力的情境。

（二）发展心理学与创新意识

发展心理学是探讨一个人从出生到死亡全过程中各种心理现象的发生、发展的特点，以及如何促进心理进一步发展的学科。从教育的角度来看，不同的学习阶段学生的心理发展规律和特点有着明显的不同。学生的自我意识和性格尚未形成，对一些问题有强烈的好奇心。根据学生的这些特点，加强创新意识和创新精神的培养是我们小学教师面临的重要任务。在教学中激发学生学习数学的兴趣和好奇心，使学生通过独立思考，不断追求新知，鼓励学生质疑问题，提出自己的独到见解，启发学生发现、提出、分析并创造性地解决问题，培养他们的创新意识。

（三）认知心理学与创新意识

创新始于问题的提出，没有问题就不可能有创新。爱因斯坦曾说“提出一个问题往往比解决一个问题更重要”。在认知心理学理论中，“同化顺应平衡说”可以指导数学问题的提出。同化是个体通过自身逻辑结构或理论将感受到的刺激进行组织，并纳入原有认知结构的过程，它一般经历观察、激活与精加工三个阶段。通过同化，个体可获得新的知识。顺应就是在接受新知识时，新的知识常与已有的认知结构发生矛盾，这时个体却仍试图重新构建先前的认知结构以保持原有的机能，个体必须通过调节自己的内部结构来适应特定的环境刺激，或者创造一个足以融合新刺激的新的认知结构，或者修改原有的认知结构，使其可以容纳新的事物。平衡是个体在完成新旧知识的同化、顺应，认知结构得到优化的一种愉悦和满足。

（四）教育心理学与创新意识

教育心理学是教育过程中的心理现象及其变化规律的科学，教学心理是教育心理的主要部分。国内外教育心理学研究取得的丰硕成果，对教育创新尤其教学创新有着直接的指导作用。特别是在新教材实施的过程中，教育心理学关于教学的数量、质量与学生负担之间的关系有很好的研究成果。例如有效的学习方法、研究性教学、学生的个性发展等方面都可以借鉴使用。同时还可以确定不同学龄阶段的德育、智育、体育、美育、劳动技术等方面的内容和要求，在教育过程中指导教师要培养学生的兴趣、质疑能力、求知欲、思维的独创性等。在学习任务艰巨的情况下，小学生要在有限的时间内学好各门课程，就需要教师遵循教育心理学的规律，从培养学生的创新能力入手，让学生愿学、乐学、敢于创新，为将来进一步的学习打下基础。

三、创新意识培养的脑科学理论基础

生理学家赫曼运用全脑模型研究创造或创新的过程，提出了一个新的由兴趣、准备、酝酿、领悟、检验、应用六个阶段组成的全脑创造过程模式（下图）。他认为人的大脑是由左半脑、右半脑、左半边缘系统和右半边缘系统四部分组成。这四部分相互依存和影响，为人的心理的知、情、意、行提供了脑生理基础，是创新和创造的源泉。在不同阶段大脑发挥作用的部位（即黑色部分）不同，但在整个过程的启动和完成阶段，要靠全脑发挥作用。创新意识是创造或创新活动的基础，而兴趣、求知欲、动机又是创新意识形成不可缺少的部分。在兴趣阶段，大脑的四个部分均发挥作用，它表明主体对某一问题集中关注，并产生创造、创新的动机。在准备阶段，主要是右脑开展心智活动，运用的是直觉和概念式的理解能力，将可能的解决办法提升到意识的层面上来。在酝酿的基础上产生领悟，主要是大脑的D部分发挥作用。之后是对产生的解决办法进行检验，起主要作用的是大脑的A、B部分。应用是对检验成功的解决办法投入使用和推广的阶段，这时大脑的四个部分都投入运行，综合发挥作用。这一创造过程模型，对于我们在教学中培养学生的创新能力或指导学生完成一项创新性的活动，具有很大的启发作用。

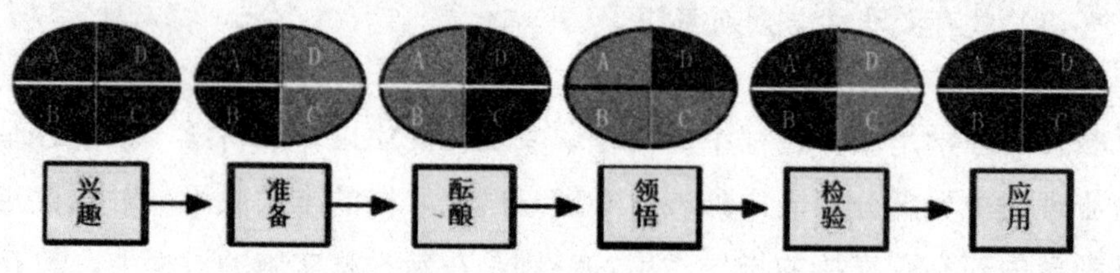

图　全脑创造历程

四、创新意识培养的人才学理论基础

人才观是对人才的基本问题所持观点的总称。现代人才观主要有如下观点：①现代人才是有理想、有道德、有文化、有纪律的社会主义新人；②现代人才是对社会做出突出贡献的不同类型、不同层次的劳动者；③现代人才是创造型的人才，创造性或创新性是人才的本质特点；④现代人才是德、智、体、美全面发展与个性健康发展相统一的人才；⑤现代人才是富有创业精神，勇于开拓，善于建功立业的人才。上述基本观点对创新教育是有启发和帮助作用的。要多出人才，出好人才，关键在于树立现代人才观，用以指导人才的培养。

人才学研究告诉我们，人才创造有最佳年龄区。人才学研究者张笛梅对科技人才创造的最佳年龄进行了专门的分析，其对象为1243位科学家和发明家做出的1910项重大科学创造发明，归纳为三个特点：第一，大多数人在30岁左右就开始做出重大发明创造；第二，66%的人在40岁以前做出第一项发明创造；第三，约有60%的重大发明是在40岁以前做出的。

小学教育是基础教育阶段，如果这一时期学业完成得好，就能顺利地进入创造成功的最佳年龄区。这就要求我们教师要进行教育创新，对于每一个学生，无论其考试成绩好与差，都不能对他丧失信心，要热情指导，帮助其进步。要尊重学生的创新精神和挑战精神，对于他们的“异想天开”和“奇谈怪论”，不要批评，更不要讽刺。总之，要善于了解和掌握人才成长的特点，做到因材施教，帮助每一个正常的学生成为某一方面有一定创新能力的人才。

第三节　数学创新能力的分析

一、数学创新能力的含义

关于数学创新能力的含义，可以从数学创新的过程和数学创新的结果两个方面来认识。

从数学创新的过程来认识，具有代表性的观点主要有以下几种：第一，轻松自由地从一种思维操作转换到另一种思维操作；第二，用多种方式分析问题，观察模式，辨别问题的相似性与差异性；第三，以全新方式把数学思想、方法和技能有机地整合在一起；第四，用数或形扩展数学模式，重新组织模式与联系，根据具体问题的情境适当地转换、变形、预知结论；第五，能够在不同的数学表征系统之间进行自由推理和转化。

从数学创新的结果来认识，具有代表性的观点主要有：①对于给定的数学问题能够拿出新颖的、独特的、合适的解法；②对于所呈现的文字的、图像的和表格形式的数学情境，能够提出多种不同的，并且是合理的问题；③能够识别技能领域与应用领域之间的联系，在以前不相关的数学思维之间建立起一种联系；④学习对新知识的再发现和对已有知识、方法的独特应用，能发现问题、提出问题，敢于质疑，勇于对他人的见解发表不同的看法；⑤独立表征数学问题，找到解决问题的新方法，发现新定理的结论和证明，独立推导数学公式，找到非常规问题的新颖、独特的解法。

这里对数学创新能力含义的说明都涉及数学与创新能力两个方面。许多学者对这个问题都做过叙述，但侧重点不同。有的学者侧重于数学，他们考虑最多的是数学的思维过程，认为数学创新能力都源于数学思维活动，具有强烈的数学心理；有的学者则侧重于创新，他们把各种不同的认知结果作为评价创新能力的主要依据，尤其强调结论和方法的新奇性和原创性，把数学创新能力归结于创新的过程和创新的结果上。事实上，数学创新能力存在于数学学习和数学研究的各个环节，创造性的认知结果正是创造性的认知过程的产物。所以，我们认为将创新的过程和创新的结果相结合，去揭示数学创新能力是合理的。

二、数学创新思维能力的基本特征

数学创新能力与数学创新思维关系密切，数学创新思维是数学创新能力的前提和基础。所以，我们在研究数学创新能力时，必须对数学创新思维进行必要的探讨。数学思维是人脑和数学对象相互作用，并按一般思维规律认识数学规律的过程。数学创新思维是更上位的数学思维，它打破了思维常规，并摆脱了思维定势的束缚，形成独特、新颖的思维方式。

数学创新思维具有直觉性、发散性、批判性等主要特征。

（1）直觉性是指在思考问题时，能去粗存精、去伪存真，直接洞察问题本质的思维品质。

（2）发散性包括流畅性、变通性、独特性。其中流畅性包括横向流畅性和纵向流畅性，横向流畅性是指通过知识和方法的对比、类比、联想，从已知的知识中去发现新知识、新方法的思维品质；纵向流畅性是指对数学问题目的的引申、推广，从偶然中求必然，从特殊中求一般，从一种必然中求多种必然的思维品质。变通性是指在运动、变化过程中考察数学对象，善于从不同的角度、不同的方向思考问题，并在一定条件下转化为数学问题，及时地、灵活地调整思维方向的思维品质。独特性是指在运用常规的、一般的方法去思考分析和解决问题时，常有新颖的、独特的见解的思维品质。

（3）批判性是指不因循守旧，用批判的眼光思考问题、解决问题的思维。

三、决定数学创新能力形成的因素

（一）数学创新能力形成的先天因素

所谓先天因素，就是指父母双亲的身体结构和功能的各种特征通过遗传基因传递给下一代的生理、心理及身体等各种因素，如人格特点、性格、智商水平以及身体健全程度等。

就人格而言，具有创新能力的人，一般都具有较强的个性和独立的人格，具有较强的成就动机，渴望获得成功；能够专注于某一问题或某一事物，有坚韧不拔、锲而不舍的意志。

就性格而言，具有创新能力的人一般比较开放，善于合作、交流，能包容错误，把复杂的问题简单化，他们对细节和事实一般不太关心，却对抽象的事物和高度概括的问题表现出很强烈的兴趣。

就智商而言，由于遗传的差异性，每个人的智商水平都是不相同的。有研究表明，智商与创新能力之间有着密切的联系。创造才能高的人，几乎每个人都具有较高的智商。

从身体的健全程度来看，它对创新能力的影响也是很大的。智商水平高、身体健全是一个人具有创新能力的必要条件。但并不是说，智商水平高、身体健全的人就一定具有较高的创新能力，后天因素也影响着数学创新能力的形成。

（二）数学创新能力形成的后天因素

数学创新能力形成的后天因素包括社会生活环境、教育和社会实践三个部分。社会生活环境对人的心理发展实现水平起着决定性的作用。“近朱者赤，近墨者黑”是有一定道理的。有人说狼养大的孩子（狼孩），虽有人的遗传基因，但却不具备人的心理，由此说明生活环境的重要性。但人对生活环境不是被动的接受者，面对同一环境，不同的人会产生不同的体验。因此，社会生活环境是形成创新能力的一个必要因素。

教育是形成个体创新能力，特别是形成数学创新能力的一个主要因素，一个人数学创新能力的养成主要得益于后天的培养和教育。这里拟就下面几个问题来概括教育对形成数学创新能力的几个因素。

1. 学习和掌握数学知识

数学创新不可能脱离于深厚、扎实的数学知识和丰富的数学方法之外而产生，不可能分离于数学方法的训练和一定的数学思想的熏陶之外而存在，它必须依托一定的数学知识、数学思想和数学方法。所以说，数学知识为数学创新能力的形成提供了充足的“原材料”。而数学创新是数学知识在较高层次和水平上的转化与整合。数学创新在内容上被原来的数学知识所制约，就是说，不是所有的数学知识都对形成数学创新能力有利，都可以成为创新的动力和源泉。因此，为了促使学生数学创新能力的形成，有专家建议学生应学好这几种数学知识，即关联性知识、程序性知识、结构性知识、多类型知识。

2. 培养创新人格

在前面虽然讲到人格是先天形成的，但也有后养成的因素。有心理学家认为，人的心理发展是遗传与环境交互作用的产物。在遗传给心理形成所提供的可能范围内，环境和教育对人的现实水平起着决定作用。而教育作为一个特定的环境，对人的心理发展起着主导作用。就是说，创新人格是可以通过教育来培养的。

数学的创新活动是人的智力因素和人格因素交互作用于数学知识的进程。在数学教学中，除了让学生掌握数学知识，提高智力水平以外，还应努力培养学生的创新人格。建议在教学过程中充分尊重学生，启发学生独立思考，培养学生勇于探索的精神，鼓励学生发表自己的见解，大胆质疑，并为学生创设能够促使学生产生欣喜和惊异的心理教学情景，激发学生的好奇心，引发学生强烈的求知欲与创新欲，培养学生坚韧的意志，促使学生形成富于创新的人格。

3. 启迪学生创新意识

传统的观点认为，创新是指首创前所未有的事物。在这种观点下，学生往往对创新充满了神秘感和盲目的崇拜感，认为创新只是专家、学者们的专利，一个中学生不可能有什么创新，连想也不敢想。这是与当前社会需要不相吻合的。我们应当告诉学生创造分为不同层次，有高层次的创造，也有低层次的创造。高层次的创造对人类来说是全新的知识或者是有一定社会价值的活动，我们不妨称其为真创造；低层次的创造是对于个体而言的。法国数学家阿达玛说过："数学家从事数学研究工作，固然属于发明创造，数学专业的学生解决一个几何或代数问题，实际上也与数学家的发明具有同样的性质，只是两者程度深浅和水平高低上有着差距而已。"就是说，学生在解决数学问题时，只要方法、思维方式对于自己来讲是前所未有的、新颖的，就是创新。因此，学生不仅能创新而且在不经意中经常产生着创新，只是自己没有留意罢了。由此消除学生对创新的神秘感，启迪学生创新意识，树立"人人都可以创新"的观点，明确人人都是有创新能力的主体。

数学发展过程时刻伴随着创造，整个数学发展史就是数学家们发明创造的历史。正是由于数学家们富有创造性的活动，才有了建立新概念、提出新猜想、构造新命题、锤炼新方法、开辟新领域的数学实践。在数学教学中，教师应结合教学内容给学生介绍数学发展史中充满创造色彩的典型史实，既可以激情引趣，也可以启迪学生的创新意识。

4. 培养学生的创新情感

创新情感对创新潜能的开发起着积极的促进作用。它包含创新的动机、探索的兴趣、严谨的态度、顽强的意志、锲而不舍的精神等诸多情感因素。它和创新意识相互作用，共同促进学生创新人格的形成，成为创新能力培养和发展的重点。数学教学中，培养学生创新情感，首先应该从对数学价值的分析入手。数学的基础性、工具性和广泛应用性已被人们公认，一切事物都离不开数和形。因此，数学就成了物理学、化学、力学、天文学、生物学等学科的基础。数学为它们提供了描述的语言与探索工具。揭示数学的基础性、工具性和广泛应用性，可以大大拓展学生的知识领域，激发起对数学的兴趣，树立科学的世界观和方法论，同时可以使他们明确数学与社会进步的关系，充分认识学好数学知识的重要意义。从而激发其学习数学的热情，增强掌握数学知识以推进科学和社会进步的责任感和使命感。数学不仅具有重要的科学价值，而且具有丰富的人文价值，是人类文化的重要组成部分。首先表现在“数学是人类认识自然的中介”。例如，随着数学与科学的发展，数学的推演与实际观测的吻合，使人们从信仰宗教转向信仰科学。其次表现为“数学是人类发展的必要食粮”。因为人们不仅能应用数学知识去认识自然，而且数学对人的世界观的形成具有特殊的作用。“数学是思维的体操”，有助于人们思维品质和创新能力的培养与提高。“数学是人类文化的重要组成部分”，在创造、保存、传递、交流和发展人类文化中充当了重要角色，发挥着巨大作用。它的内容、思想、方法、精神和语言已广泛渗入人们日常工作和生活中，影响着人们的思维方式。数学素养是现代公民必要的素质。数学的特殊性可以培养学生积极的思维品质，可以培养学生科学的创新精神和优良的道德品质。适当向学生介绍一些已经解决的数学猜想和数学家艰苦探索的事迹，以培养学生良好的个性品质和勇于探索的创新精神。另外，数学老师高超的教学艺术和风趣的教学语言、良好的数学素养也能感染学生，引发学生学习数学的兴趣。让学生参与一些探究与创造活动也是培养学生创新情感的有效办法。

5. 创设创新环境

为学生创设创新教育的良好环境，对培养创新人才意义重大。许多数学家的成长、发展和成功，一般都和社会条件、教育环境直接相关。但作为教师——学生学习的主导者，作为学校——学生学习的主要场所，对培养和提高学生的数学创新意识和创新能力，更有着直接的作用。首先教师要具有开放的思想和创新理念，在教学观念上，牢固树立学生是认知主体的思想，确立学生在教学中的主体地位，确立以培养学生创新精神和创新能力为核心的教学目标，努力实现开放式教学；在教学内容上，不局限于传统内容的束缚，适当增加培养学生创新意识的教育以及能引起学生产生兴趣的学习内容；在教学方法上，适当开展一些活动（如自主探究活动、合作探究活动等）；在教学手段上，充分利用现代科学技术等多层面的改革，不断完善数学教学的创新环境与学校环境。良好的校园环境有助于引导师生树立正确的人生观，规范师生的言行，增强师生的凝聚力，有助于培养学生创新意识和开发学生的智能潜力。校园环境包括物资层面的和精神层面的以及制度层面的几个部分，如校舍、教学设施等属于物资层面的，学校机构的设置、各种管理制度的制定等属于制度层面的。校风、校歌、校训、校史、育人目标等属于精神层面的。

6. 训练学生创新思维

创新思维的训练和培养是数学创新教育的核心。从思维方式和成分来看，创新思维并不是一种单一性的思维，它是逻辑思维、形象思维和直觉思维的综合运用，是集中思维与发散思维的辩证发展。发散思维是对已知信息进行多方向、多角度地思考，产生多种结果的思维方式，它的思考方向是向外发散。发散思维具有多向、流畅、变通等特性，是能导致独创结果的一种思维。也就是说，创造性思维寓于发散思维之中。因此，在教学中，在重视集中思维训练的同时，应加强发散思维的训练。教师要善于挖掘教材中的发散思维训练的材料，恰当地选择发散点，通过联想生成各种知识链、方法链，通过解题对问题进行拓展和引申。

当然，形象思维和直觉思维也是创造性思维的重要方式。为此，数学教学中也应注重对形象思维和直觉思维的训练。要注意不断丰富学生头脑中的表象，不断积累数学知识和经验，加强归纳、类比、数形结合等方法的教学，努力提高学生的观察能力、想象能力以及对数学美的鉴赏能力。

还需要说明的是，思维品质是评价思维水平的重要指标，其中思维的深刻性和广阔性是创新思维品质的基础，拓展思维的深度可以创新，拓展思维的广度也可以创新。在数学教学中，必须注意渗透数学思想和数学方法，引导学生多角度、多方位地探求问题的解决方法，研究问题的一般规律，以拓展学生思维能力的深度与广度，提升学生创新思维的品质。

第三章　在数学教学中培养学生的创新意识

第一节　培养学生良好的个性品质

“面向全体，发展个性”这是新课程改革的最高宗旨和核心理念。每一个学生都有自身的独特个性，由于遗传因素、社会环境、家庭条件和生活经历的不同，而形成了个人独特的“心理世界”，他们在兴趣、爱好、动机、需要、气质、性格、智能和特长等各方面都是不相同的。独特性是个性的本质特征，珍视学生的独特性并培养具有独特个性的人，这应是我们对待学生的基本态度。数学创新教育十分重视能力的发展，尤其是创新能力的发展。创新能力与个性发展是相辅相成的，个性的发展往往蕴含着创新能力的基础。数学教学要面向全体学生，就是要尊重学生的个性差异，培养学生的个性，开发学生的潜能，使每个学生在自己原有的基础上都能得到发展。

一、创新往往是认知个体发自内心的强烈冲动

一个具有创新能力的人，必然是一个具有很强的独立人格的人，这样的人不迷信权威，随时都可以萌发创新的欲望。所以，发展学生的个性，就是要重视对每个学生独立人格的培养，充分肯定和尊重学生个体的主体价值。创新教育要求老师放弃权威式的教育与管理，推行民主的教育与管理，注重因材施教，给学生更多独立思考、自由表达的机会。在兼顾各类学生不同需要和接受能力、达到规定的基本要求的同时，尽量给学生提供更多的自由发展空间。

二、强调发展学生个性的同时，培养学生合作与交流的意识

我们知道，许多发现、发明和创造都是通过一个团队共同协作，开展创新活动才完成的。每一个从事创新的个体，都应该主动地将自己的智慧和发现向社会开放，同时又能用他人、社会和人类的智慧和信息，求得个体的生存和发展，促使自己创新的顺利进行。因此，树立合作、交流意识，培养良好的合作、交流技巧，是发展个性所必需的。在数学教学中，老师可利用成立合作学习小组形式，开展师生之间、生生之间的多边活动，为学生提供更多讨论、交流的机会。这种多边讨论、互动的学习方式，有利于激发集体的创新意识，发展集体的创新能力，将个体之间的竞争转化为小组之间的群体竞争，有助于培养学生的合作精神和群体的创新意识，提高学习和创新的效率。

第二节　突出知识的发现过程

一个定理、一个公式是怎样提出来的？它的证明又是怎样想出来的？这是数学创造活动中的重要问题。在数学中，教师要有计划地尽量多揭示这方面的问题，这对于培养学生创造性思维能力是相当有益的。

一、注意揭示概念、定理、公式、法则等是怎样想出来的

在数学教学过程中，任何概念、定理、公式、法则等都要经过一个“引入和形成”的环节，在教学过程中如果能重视这个环节，引导学生对这些知识的发生、发展和形成的过程以及概念的内涵、外延做些必要的探索，而不是过早地把结论简单地灌输给学生，可以促进学生创造性思维能力的提高。

教师在数学教学中，应尽最大努力去挖掘教材中“怎样想出来”的那一部分内容，尽管很多可能是不严格的、不完善的，或者原提出人并不是这样想的，但仍是宝贵的、有价值的。这些内容与方法，对学生来说，往往比数学知识本身更重要。

二、注意培养学生发现问题的能力

数学的精髓在于探索和创新，在数学学习和研究的过程中，应该做到不断地发现新问题、获取新知识、提出新观点、探求新方法、得出新结论。

发现问题是创新的开始。在教学中，教师应精心组织材料，设计问题情境，着意引导学生去观察、分析，得到数学结论，培养学生“发现”的意识和能力。苏联数学家A.A.斯托利亚尔认为，教给学生的应该是“发现数学真理”，即自己独立地发现已经被证实了的理论。

三、鼓励学生进行大胆合理地猜想

数学猜想法是数学教学与研究中的重要的智力活动方式，是数学创新思维活动的有机组成部分，是数学思维中最活跃的成分，也是许多命题提出的重要途径。从心理学的角度讲，它是一种高级的认知过程。英国数学家休厄尔有句名言：“若无某种大胆的猜想，一般是做不出知识进展的。”善于推测、猜想的人，常能发现新的数学结论或新的解题方法。

第三节　加强数学思想方法指导

作为数学重要内容的“数学思想方法”，已在数学研究、数学教学和其他科学领域中广泛应用。

数学思想是人们对数学知识本质的认识，它是从某些具体的数学内容和对数学认知的过程中提炼出来的数学观点，是数学知识中高度概括、抽象的内容。它蕴含于运用数学方法分析、处理和解决问题的过程之中，是指导学习数学，解决数学问题的思维方式、观点、策略的指导原则。所谓数学方法是人们解决数学问题的步骤、程序和格式，是实施相关数学思想的技术手段。

日本著名数学教育家米山国藏说：“即使学生把所教的知识（概念、定理、法则、公式等）全忘了，铭记在他心中的数学精神、思想和方法却能使他终身受益。”布鲁纳认为：“掌握基本数学思想方法，可以使数学更容易理解和记忆。”由此可见，数学思想方法是数学知识的重要组成部分，是数学知识的精髓，是数学知识转化为能力的桥梁。在数学的教学中，必须重视数学思想方法的教学。《数学课程标准》在总体目标部分明确要求：“通过义务教育的数学学习，学生能够获得适应未来社会必需的重要数学知识以及基本的数学思想方法和必要的应用技能。”《高中数学课程标准教师读本》中也强调：“数学的逻辑结构的一个重要的要素是数学思想，学校数学课程整个结构的基础应当是现代数学思想和方法，如集合和映射的思想、比较与分类的思想、数形结合的思想等。学生对这种现代数学的思想和方法的接受和熏陶，是高中其他任何一门学科所不能替代的，最好让学生知道这些思想方法。同时，这些思想、方法应当以明显的形式列入教学内容，并且对它的掌握应成为学生学习的直接目的。这些思想和方法的形成和发展是学生由基本技能上升为基本能力的基础。”

数学教材中蕴含着两条主线：一是按逻辑体系编排的知识构成的显性主线，它是数学学科的外在形式，是教师教学和学生学习的主要依据；二是蕴含于知识的发生、发展和应用过程中的思想和方法所构成的隐性主线。它是数学知识的“灵魂”和“精髓”。在数学教学过程中教师若能注意挖掘数学概念、定理中蕴含的数学思想，在数学推理、证明与问题的解决中有意识地展现数学方法，不仅可以使学生开启思路，提高学习效率，还可以强化方法意识，提升学生的思维能力。

凸显数学思想和数学方法的教学一般应遵循渗透性原则，即在具体的知识教学过程中，通过设计学习情境与教学过程，着意引导学生领会数学思想和方法。原因有以下几点。

（1）数学思想和方法与具体的数学知识是一个有机的整体，它们相互关联、相互依存，协同发展。一方面，数学知识的教学并不等于数学思想方法的教学；另一方面，数学思想方法的教学必须以具体的数学知识为载体，数学思想方法的陶冶只能在数学知识的教学过程中完成。

（2）数学思想是具体的数学知识的本质和内在联系的反映，具有高度的抽象性与概括性。如果说数学方法尚具有某种外在形式或模式，那么作为一类数学方法之概括的数学思想，却只表现为一种意识或观念，很难找到它的外在的固定形式。

（3）解决一个数学问题，靠一种数学思想方法往往是不能奏效的，需要将几种数学思想方法整合起来。因此，数学思想的形成不是一朝一夕可以实现的，只有通过长期教学的渗透和训练，才能逐步被学生掌握。数学思想方法的教学除了遵循渗透性原则以外，还应该遵循一般的数学知识的教学原则，另外还应遵循目标性原则、层次性原则、概括性原则、重复性原则等。

关于数学思想方法的教学有以下四种：可以通过知识发生、发展的过程渗透数学思想方法；可以通过思维活动的过程揭示数学思想方法；可以通过探索活动激活数学思想；可以通过知识的总结、归纳过程概括数学思想方法。

第四节　增强思维专题训练

当今世界的经济竞争越来越激烈，新技术日新月异，知识更新周期越来越短。因此，人们必须终身学习，不断获取新知识。这里必须明确一个问题，方法比知识更重要。因为知识是有限的，而且有些知识还会被淘汰，但作为人们认识客观事物的科学思维方法，却是具有共同规律性的，人们一旦掌握了它，不仅可以不断地扩充自己所需要的知识，而且还有助于人们去发现和创造新的知识，建议增加思维专题训练，使学生掌握一定的创新思维方法，这种方式是符合当前教育理念的。

现代的数学教育越来越重视学生能力的培养，特别是注重学生创新思维能力的培养，我国的《基础教育课程改革纲要》明确提出：要改变死记硬背、机械训练的现象，倡导学生主动参与、乐于探究、勤于动手，培养学生收集和处理信息的能力；获取新知识的能力；分析和解决问题的能力以及合作的学习能力；倡导由被动的接受学习发展为自主、探究、合作的学习。

学会认知、学会做事、学会共同生活、学会生存是现代发展的四大支柱。教育要为学生终身发展奠定基础，应在培养目标上着眼于人的发展。学生的发展是一切教学活动的出发点和归宿。学习应是发展学生心智，使其形成健全人格的重要途径。因此，学生的学习过程不应该是消极被动的接受过程，而应当是积极主动的索取过程。但是，当前还有许多地方仍盛行“类型+方法”的教学模式，培养学生适应考试，不利于培养学生的创新思维能力。所以，应建立一个有助于学生的创新思维训练、发展智力品质的专题系统，包括训练逻辑思维能力方面的专题，如归纳、演绎、类比、分析、综合、特殊化、一般化、抽象、概括等方面的专题，也包括非逻辑思维能力的专题，如想象、联想、逆向、直觉、发散等方面的专题。教师应在对学生进行必要的巩固性练习和综合性练习之外，有意识地增加这方面的专题训练。

第五节　开展科学的教学评价

在数学教学过程中，坚持创新的价值取向，以突出“创新”为标准，建立科学的评价方法，鼓励、引导学生为提高创新能力而学。

一、数学创新能力的评价标准

前面讲过数学创新能力的含义，其界定较为复杂，给数学创新能力的评价标准的确定带来了一定的困难。对这个问题许多专家曾作过研究，这里介绍两例评价标准，作为此问题探讨时的参考。

帕瓦斯通过分析具有创新能力的数学家的个性行为特征和数学思维特征，提出了数学创新能力评价的四个基本标准：①能够识别或构造引起他人兴趣的数据或情境；②善于寻求一般的归纳思路或通过分析，识别相似的模式而对特殊的结论一般化；③对所思考的问题有着较为丰富的想象力；④对一个问题能够提供多种解法，而且这些解法非常巧妙、独特。

一些数学教育家选择以下标准来评价学生数学创新能力：①善于对数学问题情境进行分析，并形成假设；②善于将一个一般的数学问题分解成几个具体的子问题；③善于打破思维常规。

二、关于数学创新能力的评价方法

根据以上数学创新能力的评价标准，过去那种只用考试成绩来评价学生学习情况的方法已经不适用了。数学创新能力的评价不仅要关注学生的学习结果，更要关注学生数学学习过程中的动机、情感、思维、活动等问题。如建议对学生学习和处理问题的过程进行录像，然后反复进行播放，并从不同的角度分析学生的学习活动。数学创新能力主要通过下列活动的情况进行评价：引入原先未有详细说明的对象；识别出尚未表达的任务的性质；发现不同性质之间的联系；得出正确的数学结论；调整思维操作对象；变换目标和任务。也有人建议通过观察学生在学习过程中的行为表现来评价学生数学创新思维能力，当学生思考问题时，他们被要求出声思维。数学创新能力正是通过声音表达的思维活动进行评价。具体地说，流畅性由口头表达的次数来评价，独特性、新颖性由富有创意的口头表达次数来评价；灵活性由不同类型的口头表述的次数来评价，精致性由特殊化，一般化和猜想次数来评价。

《课程标准》在“评价建议”中指出：学生能力的获得与提高是其自由学习，实现可持续发展的关键，评价对此应有正确导向，能力是通过知识的掌握和应用水平体现出来的，因此对于能力的评价应贯穿于学生数学知识的建构过程与问题的解决过程。

如何评价能力是课程改革面临的一个重要问题，也是数学创新教育面临的一个重要问题。在《课程标准》中建议实施多元评价，促进学生能力的发展。一方面是评价主体多元化，即指将教师评价、自我评价、同学互评、家长评价和社会有关人员评价结合起来；评价方式多元化，即指将定量评价与定性评价结合、书面评价与口头评价结合、课内评价与课外评价结合、结果与过程的评价结合；内容多化，即包括对知识、技能、能力、过程、方法、情感、态度、价值观以及身心素质的评价；目标多元化，即是指对不同的学生有不同的评价标准。

总之，关于数学创新能力的评价办法是一个重要问题，也是一个复杂、困难的问题，需要学校，教师认真研究对待，在创新教育的过程中不断加以改进和完善。

第六节　提高教师创新教育素质

创新型教师就是具备了各种创新性素质并能够胜任创新教育任务的教师。作为一名数学教师还必须具备良好的教师职业道德、广博的数学知识素养和精湛的教学技艺。同时也要具备“以人为本、创新为重”的教育价值观和科学的学生观以及与时代要求相适应的教育理念。

在教学过程中，教师应对学生的幻想抱以热情肯定、鼓励和积极引导的态度，而绝不应用僵化的思想来束缚学生。因为创新往往是意外之作，不少是出于机遇。诺贝尔物理奖获得者艾伯特·唐奥吉说：“发明就是和别人看同样的东西却能想出不同的事情。”所以创造型教师要能够发现常人不注意的问题，善于从学生的学习活动中发现学生的创造性，承认每个学生皆有创造性。在某种意义上可以说，只有创新型的教师才能实施创新教育，才能培养出创新型的学生。因此，教师自身必须具备较强的创新意识和较强的创新能力。只有这样，教师才能从自己的创新实践中发现创新能力形成发展的规律，为创新教育提供最直接、最深刻的体验，从而在教学过程中，自觉地将知识传授与创新思维相结合，发现学生的创新潜能，捕捉学生创新思维的闪光点，多层次、多角度地培养学生的创新精神和创新能力。

同时，教师应具有勇于开拓进取的创造才能和灵活机智的应变才能。教师的创造才能指的是在教育实践活动中，教师能够针对教育对象、教育内容和教育情景的特点，有的放矢地提出新见解、创造新方法的才能。应变才能是指教师在教育过程中善于针对学生的个性特点和当时的情境，随机应变地对意想不到的偶发事件进行迅速、巧妙而正确处理的心理能力和决策才能。一个观察能力、应变能力和创新能力都比较强的教师，才能够对学生产生有效的影响，使之具备较强的创新能力。

创新教育的一个重要特点就是超前性和新颖性。因此，教师要培养学生的创新能力，实施创新教育，必须让学生掌握最新的知识内容，了解世界最新发展动态。

第四章　思维导图与创新意识

第一节　思维导图与数学创新意识

一、思维导图的相关理论及特点

（一）思维导图应用于数学创新思维培养的理论基础

19 世纪 60 年代，托尼·巴赞提出思维导图的概念。思维导图是学习者对特定主题的一种系统构建过程，创立思维导图是为了提高学习效率，并以一种前所未有的新型笔记方式呈现。它的中心位于中央图像上，就像一棵树，树的主干上分出各个分支，主干的主题作为中心，各分支形成一个连接的节点结构。与传统直线记录方式不同，思维导图以放射性思考为基础，是一个发散性、形象化的工具，随着思维的不断加深，逐步形成一个有条理、有顺序的树状图。学生利用思维导图来梳理需要记忆的内容，将所学知识用一种直观的方式“画”出来，使思维过程可视化，形成一个有条理的知识框架体系，方便学生进行知识之间的迁移和整合，进而从根本上提高学生的学习效率。

科学研究发现，人的大脑由两部分构成，分为左半球和右半球，左大脑主要控制语言、行动、分析和逻辑推理等功能；右大脑主要控制人的想象、思想、创造力等抽象能力。思维导图的重要意义就在于，它能够将控制人们理性思维的左脑与控制人们感性思维的右脑进行融合，利用左脑思维能力将知识之间存在的联系通过图画的方式把枯燥的文字信息转化成丰富的记忆图，充分开发大脑的潜能，从而激发人们的创造性思维能力。

思维导图的创始人巴赞说过“过去记笔记的方法采用的思维模式主要是直线型和逻辑型，它仅仅使用了我们大脑很小的一部分而已”。因此图像的引用恰到好处，图像是丰富元素的集合体，它的形象性和丰富性更加有利于我们的记忆，不管是视觉的颜色、大小还是听觉的高低都可以通过细致的图像元素一一表现出来。思维导图对学生来说是一种思维体操，无论是它的构建过程还是解读过程，对制作者和学习者来说都是一种头脑风暴，这个过程对培养思维有很大益处。

（二）思维导图的特点

思维导图是一种用于思维、记忆、创新等各种活动的思维工具，具体运用需要一定的条件，使用的目的不同，运用的方式也不同。最初，思维导图是手绘的，之后逐步在计算机上发展起来，思维导图的绘制可以用一些软件，如 MindMapper、MindManager 等，也可以用一些常用软件 Microsoft Office、PowerPoint、Word 等进行绘制。思维导图绘制过程中，在思维发散的同时也要将重点突出，布局上层次分明，既要使人一目了然，也要有自己的风格。

颜色的丰富性使思维导图成为一种便于人们对事物进行区分和加强记忆的工具。同时，颜色的使用能在一定程度上激发人的创新能力。因此使用不同颜色和不同大小的元素单元绘制思维导图，能够表现出不同的含义和内容，从而使得记忆更加清晰且牢固。

二、数学创新思维的培养

（一）数学创新思维的相关理论

数学创新思维是数学创造性思维，它从属于创造性思维和数学思维，它们的关系如图 4-1 所示。

图 4-1　数学思维与创造性思维关系图

思维是人脑作为认识的一种形式的体现，思维是借助于人类语言、想法和行为实现的，是人类的基本能力，它是对客观事物本质的一种概括，间接反映了事物之间的关系，是认识的最高阶段，通过多种方式对信息进行加工之后从中获取信息的本质。

思维既是高级的神经活动，同时又是一种复杂的心理活动，它们之间微妙的耦合关系形成了一个体系，这就成为了数学创新思维的理论依据。

数学思维是一种普遍思维，在学习数学的过程中进行数学思维训练，是数学问题和已有的数学模型相碰撞，并在合理的归纳后有效解决问题的、逻辑性较强的思维活动。数学思维是由发散思维、抽象思维、逻辑思维、直觉思维等思维构成的一个综合体，它具有一般思维的特点，同时具有数学特有操作方式的特点。

关于数学创新思维的概念有多种说法，广义上是指人们在遇到问题时独立思考的脑力运转过程之后，产生了对人类生活或者对社会前进有帮助、有效用的想法的一种思维发散活动之后，又聚合成理论的一种抽象过程。数学作为一种注重思维的学科，在其教学过程中具有重大意义。学生能够在解决问题的过程中领会并养成一种行为方法是思维创新的直接体现，这种方式是解决问题的前提条件，也促使每个学生对创新形成一定的认知。数学创新思维是在经验的指导下将学到的内容系统化，这种网状的结构图促使学生继续沿着各个脉络的延伸方向去思考，以产生新的思维结果，这种结果是数学思维与创新思维相结合的产物。

（二）创新思维和智力的关系

智力通常称为智慧，一般是指人对外界的认识和理解能力，以及运用自身所掌握的知识和经验去解决问题的实际能力。它包括多个方面，如对客观事物的观察能力，对一件事情的注意力程度，存储新事物时的记忆能力强弱，思考解决问题时的思维导向能力、发散的想象力、对待事物的判断能力等。智力高低通常用智商来表示，智商数值的高低显示了一个人智力水平的高低。吉尔福特说：“我们将智力定义为用各种不同的方式对各种信息加工的能力或者功能的系统组合。”思维力通常是指人对于外界事物总结分析的能力，人们学会对外界客观事物进行观察后，会把各种不同形态的事件进行分类整理，对所获得的知识进行归纳，将所看到的、所学到的不同类型概括为自己的思维，内化为自己的观点，思维力是智力的核心。学生的创新思维与智力水平的高低呈正相关关系，学生的创新思维往往取决于他“接触外界事物进而得出经验”的转化程度。某人在智力水平上的强弱可以通过他对待新问题时所表现出的判断能力和想象力来全面细致的呈现，“虽然存在许多未能彻底发挥但却拥有丰富的创造才能的人，但却基本上不存在创造能力可以超前表现的人的现象”。拥有高智商的人才虽然不一定就是创新型人才，但是可以说高智商是创新型人才的必要条件。

（三）数学创新思维的特点

数学创新思维中的创新指以思维为主题、给人启发的思维思想活动，也就是说一旦思维活动产生的结果具备了创新的性质，我们就称之为创新思维。在数学的学习过程中，创新思维包括创造思维的诱导因素、必要信息的收集、合理化的呈现方式和产生创造性结果这四个阶段。

数学创造思维的特征包括新颖、突破常规和灵活变通。

1. 新颖

思维通常表现为超出现有的传统模式，是一种新思路、新想法的产生。它是基于众多的理论基础与实践教学的一种灵感的外放表现。它具有明确的思维方向，这种新颖一般是在对创造性、个人或者社会需求以及个人对客观事物有着强烈兴趣的前提下产生的，亦或是在旧的理论或方法的缺陷或矛盾的形势下必然产生的结果。

2. 突破常规

要求我们不为固有标准所束缚。已有的各种标准使我们的大脑产生了思维定势，导致学习止步不前，然而传统的标准不一定是对的，我们应该摆脱这种思想上的束缚，打破陈规旧俗。

3. 灵活变通

打破常规并不仅仅是否定已有的东西，而是不让传统的模式去阻碍我们的发散思维，所以创新的数学思维应该既能有效地解决问题又能承受住传统理论的检验，这就要求数学创新思维要具有灵活变通的特点。

创新时思维发散的不定向充满着未知，引发人们不断思考的是一个立体的空间模型，因此它与单调的线性思维不同。所以，创新型的数学思维更易获得全面的和宏观的成果。对学生数学创新思维的培养实质是对学生的多种思维进行开发引导，使得相关信息重新排列组合后产生新的效果。

（四）数学创新思维培养的方法

学生数学创新思维的培养可以通过多种方式实现。将思维导图作为头脑风暴的工具，教师在为学生营造轻松的课堂氛围的前提下，通过引导学生对零散知识的梳理和整合，能够培养学生思维的灵活性和流畅性，促进学生数学创新思维的发展。在数学教学中，创造性思维主要有发散的联想思维、神秘的直觉思维、模糊的抽象思维和缜密的逻辑思维。在教学活动中主要通过对这四种思维的开发促进学生数学创新意识的形成。

1. 联想思维

联想即扩散思维，它是指不拘泥于已有的方式，能够从一个客观事物联想到其他内容，进而将联想的内容整合，多方面、多角度地思考解决问题。在数学创新思维的初级阶段，需要学生充分调动思维，从多方面思考问题。思维导图恰恰为学生提供了一个多方面思考问题的平台。联想思维的本质构架是从一个单位点延伸到众多的空间点上，在学习中可以表现为不同学科点间的一种互动联系，而思维导图是从中心出发通过思维的发散进行知识的联想；联想思维与思维导图共同的目标都是分析问题并且解决问题，而思维导图更多的是可以制定学习或者复习计划等。

学生最可贵的是丰富的想象力、对事物的好奇心以及对新知识的渴望。在利用思维导图进行学习的过程中，学生可以基于一个知识点进行相关的发散联想。这个过程不仅能够让学生巩固所学的知识，而且能帮助学生将知识系统化，从某点知识出发就可以联系到相关知识，能够灵活进行知识之间的迁移。

2. 逻辑思维

逻辑思维是一种确定的、有条理、有根据的思维，是思维的高级形式之一。学生依托思维导图为形式工具在梳理知识的过程中，掌握并运用逻辑思维的本质和方法来锻炼自身的逻辑思维能力，它是数学创新思维的核心。

3. 抽象思维

外部世界由抽象思维客观反映出来，是人们在认识事物客观规律的基础上对事物及现象的一种预见，是对事物的一种形象的概括。在数学创新思维中，抽象思维是创新的源泉，抽象思维是对事物的分析归纳和总结，思维导图正是要求学生学会分析问题，在通过对不同类型问题的分析、归纳和整合的同时锻炼自己的思维能力，提高自己的创新能力。

4. 直觉思维

直觉思维，从某种意义上来讲是每个人的灵感体现，它强调一瞬间的思路想法，它是自身在众多的经验和方法的积累下所产生的一种自动的总结归纳出一种甚至是一套完整的规律体系。直觉思维在人们创新的奋斗过程中扮演着重要的角色，直觉思维是在大量知识积累的前提下产生的。精神的合理安排再加上让人着迷的逻辑思维，足以展示数学的无穷魅力，正是这种魅力牵引着无数的数学教育家们努力前行。判定数学思维能力的高低往往是由人们的直觉思维所决定的，数学的抽象性就要求人们在每接触一种新的数学知识时，为了能更快地接受理解而依靠直觉思维的帮助，通过思维导图将这种虚无的画面过程具体化地呈现在人们眼前，更快、更准地抓住所研究事物的重点。

在数学创新过程中，不仅需要逻辑思维，更需要抽象思维、联想思维和直觉思维，四者有机地结合起来，才能在数学教学中培养学生的创新能力，使学生对数学知识有系统的了解，增强学生培养自身数学创新思维的意识。

第二节　思维导图应用于数学创新意识培养的现状及应用分析

一、创新思维研究现状

国外对于创新思维的理论和实证研究比较多。约瑟夫·沃拉斯认为创新思维的活动过程包括四个连续的阶段：准备阶段、酝酿阶段、问题的明朗阶段与验证阶段，让人们清楚地了解了创新思维的产生流程。与此同时，约瑟夫·沃拉斯也为创新思维的产生提供了理论基础，他的创造性解决问题的理论能够将所研究问题的解答与创新思维的想法巧妙地串联为一体。吉尔福德在他的研究中对于每个人的创造性才能的可培养性给予了很大的肯定。他认为，所有人都是具有创造性才能潜质的，不同的人的创造才能不同，这一点，吉尔福德在他的创造力理论中进行了详细阐述。有关于培养创造能力方面，吉尔福德还提出了和约瑟夫·沃拉斯类似的理论模型，即上面所提到的消除疑虑解决问题的过程之中激发创新思维的建立。

与国外相比，尽管国内有关于创新思维的探索开发还很薄弱，也没有成熟的理论成果，但我们不能因此放弃研究，越是薄弱落后的环节越是要迎难而上。郑日昌进行的“初中生的创造力测验”，通过创造力测验表更加清晰地体现学生的创造力，这种测量表非常全面，体现了老师对学生能力与思维的评测，在实际的应用中也取得了显著成效。国内的探索者们也在实践的道路上摸索出了一些新颖的教学方法，例如“尝试指导，效果回授”“自主探索教学”等模式都已在教学的过程中取得了很好的效果，推广之后也得到了老师和学生们的认可。

在将创新思维引入到数学教学中时需注意方式和方法，不能生搬硬套，应该考虑数学学科本身的独特性和深刻性，使创新思维与数学学科的融合具有科学性和实用性。

综上所述，基于目前存在的不足，研究的主要目的就是通过合理的方法，探索思维导图在激发学生创新思维方面的实效性。

二、数学创新思维培养现状分析

在现实的数学教学活动过程中，大部分教师仍采用“老师讲”“学生听”的传统教学方式，学生在被动接受知识的过程中基本能够听懂，做题之前觉得很简单，但是往往没有一个有条理的思路，考试过后学生觉得题目虽然很熟悉，但仍没有头绪，想不出对应的解题方法，这样在考试过后往往很苦恼，觉得很简单但却没有解答出来。从这种现象中可以看出两个问题：首先是学生的知识体系不够全面、系统，各个知识点之间缺乏联系性，没有将知识系统化；其次就是大多数学生思维能力差，不能够灵活地运用知识点去解决实际问题。

受应试教育的制约，小学数学教学课时逐渐增多，教师在教学过程中往往缺乏培养学生数学创新思维的意识，相反，为了完成教学任务大多采用传统的授课方式。因此，学生在学习时易产生疲劳，学习兴趣不高，并且由于小学阶段的学生对数学创新思维没有形成系统的概念，对数学思维进行创新的动机较为薄弱。基于当前的教学状况，教师要运用新的教育方式，摆脱传统教学模式的桎梏，调动学生的学习积极性，增强学生的接受能力。

三、思维导图在数学创新思维培养中的应用

（一）思维导图应用于数学创新思维培养的优势

数学创新思维的关键在于激发学生对数学的学习兴趣，激发学生的探索欲望。数学创新思维区别于固有的数学思维方式，更注重在原有的知识基础上发散多层次思维，突破传统的固定思维模式和规则，跳出思维定式，在数学教学过程中，创新思维如果被全面利用，能有效增强学生的学习能力，提高其学习效率。

1. 促使学习理念的转变

思维导图以头脑风暴的方式对学生的创新思维进行引导和开发，锻炼了思维的灵活性。思维导图按照大脑思考的方式进行，放射性网状思维的过程不同于传统的直线性教育方式，通过合理有效地利用思维导图来培养学生在数学学习过程中的创新思维，可以使学生加深对知识点的认识，摆脱固有的学习套路，增强学习兴趣。

2. 抽象思维具体化

数学是一门高度抽象、逻辑性强、符号化、形式化的学科，必须通过一种具体的语言形式来传达给学生，而这一过程就是将抽象的东西具体化，使之转化为可以被理解、被记载的形式，具体化后往往可以通过文字、图形的形式记录下来，这样抽象的数学思维在一定程度上更易被学生接受。

3. 逻辑思维与发散思维相结合

在数学学习过程中，枯燥的概念和数字对学生来说很难完全理解，难以将原有知识与现有知识联系起来，形成一个系统的整体。通过绘制思维导图，能够引导学生跳出思维定式，从已有的知识发散出各种相关知识点，在无限联想的同时也有一定的逻辑性，将发散性与逻辑性统一起来，有助于培养学生的数学创新思维。

（二）思维导图应用于数学创新思维培养的可行性分析

思维导图是一种非常有效的思维模式的具体呈现，它可以被广泛地应用于工作、学习中，有助于思维的发散。目前，思维导图已经被很多知名企业引进并重点应用。思维导图在中国的应用已经有 20 余年，应该指出的是，思维导图不仅仅是按照模板去画图就能找出问题解决途径的简单过程，它强调的是灵活的思考方式，通过运用这种工具分析问题并解决问题，它是一种将事物具体化的“图像”工具。仅仅利用线性思维思考问题，有时会错过发现新事物的机会，而发散式的思考则会产生意想不到的结果。在使用思维导图时，你可以根据现有模板进行思考，也可以根据自己需要的内容进行调整，直到达到满意的结果，然后形成一个周全的计划。

在现行的《数学课程标准》中，数学作为人类生活中的一种工具，要从理论到实践去领悟数学。数学创新思维活动的过程才是数学学习过程的本质。创新思维并非空想，而是将已有知识和经验重组后提出的新提案和方法，这一过程就是可能产生新思维成果的思维方式。创新思维在强调素质化教育的今天，极大地激发了学生的学习研究兴趣，创新思维的产生也不再那么神秘。传统的教育方式已经逐渐被淘汰，更加注重人性化发展，最大限度地开发每个学生的创造潜能，培养学生的创新能力已经成为教育发展的新趋势。

在领会数学教学内容的过程中，数学思维起着重要的作用。传统教学模式往往偏重于“灌输”书本的知识，忽视了理解和灵活应用，仅仅看重具体问题的解决，即所谓的“应试教育”。在这种情况下，学生自身创新意识以及实践的能力都会变得薄弱，很少有人能够勇敢地提出自己的独到见解。随着社会的进步，教育方式也必须更加人性化，让学生在学到知识的同时又具有创新思维。

综上所述，从数学注重逻辑推理的角度来分析，思维导图的理念和数学的研究过程不谋而合，思维导图的利用将极大促进数学创新思维的发展。

第三节　思维导图在培养数学创新意识过程中的应用

一、运用思维导图培养数学创新思维的教学目标

数学创新思维具有跳跃性、独立性、求异性，在数学教学过程中，教师应当运用不同的教学方法对学生进行训练，从而培养他们的创新思维。

数学注重逻辑推理。排除个人先天优势外，几乎所有人都要通过直观思维和形象思维去解决数学问题，而这正是思维导图所起的最大作用——建立思考模式、开发创造性思维。数学学科具有很强的抽象性，因此，为了保证数学教学质量，就要把抽象的数学知识具体化，以便学生更加清晰和直接地理解。将思维导图应用于数学教学中，开发学生的想象思维和创造性思维显得尤为重要。

思维导图应用于数学教学可以极大地激发学生的创新思维。在教师的指导下，学生逐渐学会通过已有的知识与经验解决问题，培养学生思维的独立性。运用思维导图培养学生数学的创新思维时，要达到以下效果。

（一）激发学生学习兴趣

通过思维导图培养学生的创新思维，使学生更深刻地理解数学基础概念，独立利用思维导图理解更深刻的意义，这个过程使学生对数学产生极大兴趣。兴趣是最原始的动力，在学生自行利用思维导图学习的过程中，兴趣无疑得到了培养，兴趣带动思维发散让学生自行探索学习。

（二）促使学生积极思考

运用思维导图培养学生的数学创新思维，能够使学生独立自主地思考数学问题，传统的分组讨论表面上热热闹闹，实质上是以无序的方式进行学习，不能取得实质进展。让学生先在个体独立的情况下完成思维导图的制作，依据自身的知识经验水平思考相应解决问题的方法，利用思维导图呈现出自我思考的过程，然后在一人的带领下有序地进行讨论，通过沟通可以发现不同的思维思考方式。教师也可以成为讨论组的成员，一方面可以观察了解学生的思维状况；另一方面可以及时地引导，督促学生独立思考与相互合作学习的同时，使要学的知识被真正地掌握。

（三）强化对知识结构的理解

思维导图的显著优势在于其具有清晰的知识脉络，使学生能够清晰地了解各个知识点之间的关联。此外，思维导图的图像形式也能在学生的脑海中形成较深刻的印象，强化学生对原有知识与新知识的迁移，从而培养学生理解、分析、解决问题的能力。

（四）协助学生将阶段性的知识总结起来

思维导图可以在数学学习过程中促进创新思维的萌发，从而使知识连通起来，每一堂数学课都有新的知识点的引入，利用思维导图工具记忆新知识，众多的思维导图合并后又成为了内容更加丰富、涵盖更广的系统思维导图，这会给学生呈现出更加易于理解的知识脉络体系。因为新章节的学习可能需要在旧章节内容的基础上进行，在这种情况下，联系就通过思维导图展现出来，学生们也更加容易接受新知识，整个大脑的思维模式也有了较完善的空间性和发散性，数学创新思维在这种学习模式的刺激下逐渐生成，学生独立学习和解决问题的能力会逐渐增强。

（五）培养数学思维的逻辑性、完整性和流畅性

思维导图建立的过程是发散性的，可以极大地激发学生的想象力。数学是一门讲究逻辑性、完整性和流畅性的学科，所以基于思维导图开发学生创新思维的同时，必须遵循数学的科学的严谨性，要适时地去引导学生的思路，既不能阻碍学生的思维深入发展，又不能置学生远离数学严谨性和科学性于不顾。

（六）培养自信心

在传统教育模式的影响下，学生们往往缺乏自信心，主要原因是思维受限制，而思维导图的应用可以很好地解决这一问题，让学生爱上学习、爱上思考。应用思维导图要以学生为主体，老师只作为引导者。这样是为了能够激发每一个学生的主观能动性和创造天赋。需要注意的是，老师在思维导图的教学过程中要积极地引导学生的思维发散，让学生正确地运用思维导图解决学习中遇到的问题。这样，老师和学生之间就能自由沟通，学生也在这个过程中学会了和老师互动，自信心也会在不知不觉中建立起来。教师在活动结束之后可根据学生的表现情况制定合理的教学计划。

二、基于思维导图培养数学创新思维的教学过程设计

有效地利用思维导图来激发学生数学学习的兴趣，进而解决数学问题是教学的根本目的。在教学过程中，教师是“引导者”，学生是“主体”，教师通过创设一个自由的学习环境，引导学生从各种角度对问题进行分析，把握知识间的脉络，将知识内化为自己的能力，更好地激发学生的学习兴趣以及探索知识的主动性。

（一）选题原则

利用思维导图培养学生数学创新思维的教学方法与传统教学方法不同，在开展教学活动前，要根据教学目标和教学特点来确定适合使用思维导图教学的教学内容和教学方法。

1. 教学过程结合实际教材

教师在运用思维导图培养学生数学创新思维时，应根据数学教材的知识结构进行教学，不能脱离教材，教学活动要以教材的任务为前提，考虑数学自身特点，体现数学学科的本质特征。同时，教师可以根据这样的原则来增加相关内容和有利于培养学生数学创新思维发展的教学活动，学生的思维方式能够得到有效的指引，并逐步向多向思维结构转化，同时帮助学生发现并及时总结。

2. 教学过程结合学生实际情况

小学阶段学生思维方式的最主要特点在于新思维的出现。这一阶段学生的抽象逻辑思维为经验型。小学生的逻辑抽象思维能力不足，对事物有着强烈的好奇心与求知欲，自我控制能力较差，注意力较容易分散。因此教师在教学过程中应当全面地了解学生已掌握的知识和理解程度，再结合教学经验和此年龄阶段学生的特点进行教学设计和教学活动。

本实验教学活动的教学对象是六年级学生，他们对未知知识领域有着强烈的好奇心，但他们的思维能力较差，不具有灵活运用思维的能力，在教学过程中通过切实掌握学生已经领会的知识内容，引导学生利用思维导图对这

些知识进行归纳总结，使所学知识被真正地吸收，并以自己的思维方式重新组建成一个便于自己记忆和理解的、较完善的知识体系。

3. 教学过程具有一定的主导主体性

老师通过选择合理的主讲教学内容来改变以往的固有观点和方式，以此来激发拓展学生内在的数学方面的创新思维。教师在这个过程中处于主导地位，学生是学习的主体，在教师的主导作用下引导学生进行自主学习，主动探究问题并学会独立解决，学会与他人协作，最终的结果就是学生学会了新的知识，掌握了新的方法，拥有了一种新的思想，收获了丰富的经验，使学生各方面能力都在无形中得到了升华。

教师在教学过程中作为主导，重视学生在课堂教学中的主体地位，激发学生的学习兴趣，鼓励学生发表自己的观点，为数学创新思维的培养创设良好的探索环境，达到预期的教学目标。

（二）教学流程

在教学过程中，采用不同的教学方法和教学媒体将会形成不同的教学设计，教学流程设计是教学过程中的一个重要组成部分，教学过程设计包括具体的活动步骤、采用的教学组织形式和教学媒体等，图 4—2 为基于思维导图培养学生数学创新思维的教学过程流程图。

（三）教学评价

教学评价应该明确教学目标，然后遵循科学的规范对教学过程和内容进行客观的衡量，突出数学课程的方法，从思维逻辑、知识技能、协作能力、情感态度和价值观等方面来评价学生的表现。

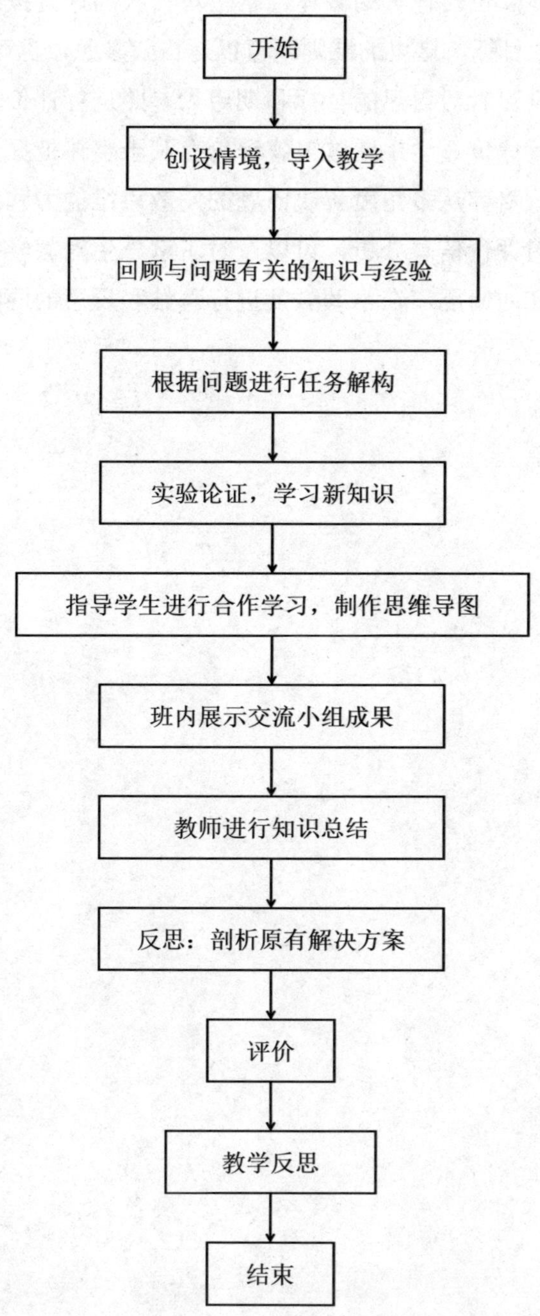

图 4-2　教学过程流程图

对学生创新思维能力的评价是一个过程性评价，在这个评价过程中，学生既是评价的主体，也是评价的客体。学生对自我的评价按照一定的准则来衡量是否达到预期目标。这里的准则既可以是自我参照，也可以是标准参照。自我参照标准以学习者对自己的目标和期望为参照进行评价，后者则依据公认的标准参照进行评价。学生通过自我评价有利于整体把握知识，加深对知识和自我的理解，培养从多角度解决问题的发散思维能力和对学习及活动的评价能力。通过对评价信息分析，可以及时了解学生对教学内容的掌握程度和教学过程中存在的问题，在帮助教师进行总结和反思的同时可以及时调整和改进教学内容。

第五章　开放性数学教学与创新意识

第一节　开放式教学概述

一、开放式数学教学的理论基础

任何一种新的理论都是在不同理论的基础上不断发展完善，并逐渐形成自身的理论框架。开放式数学教学的理论基础主要有建构主义理论、元认知理论、系统论。

（一）建构主义理论

认知心理学认为，学习是学生主动地建造认知。学习的结果不只是对某种特定刺激做出某种特定反应，而是在重建认知图式。图式的形成和变化是认知发展的实质。建构主义源于皮亚杰关于儿童认知发展的理论，是认知学习论的分支。建构主义认为，学生想要完成对所学知识的意义建构，即达到对事物的性质、规律及该事物与其他事物之间联系的深刻理解，最好的办法是让学生到真实环境中去感受、体验，即通过获取直接经验来学习，而不仅仅是倾听教师对这种经验的讲解。也就是说，知识是学习者在一定的情景即社会文化背景下，借助包括教师和学习伙伴的帮助，利用必要的学习资料，通过同学间的协作实现的意义建构过程。学生获取知识的多少取决于学习者根据自身经验建构知识的能力，而不取决于学习者记忆和背诵教师讲授内容的能力。在这个过程中，学生是知识意义的主动建构者；教师是教学过程的组织者、指导者、意义建构的帮助者、促进者；教材所提供的知识不再是教师传授的内容，而是学生主动建构意义的对象；

媒体也不再是帮助教师传授知识的手段和方法，而是用来创设情景、进行协作学习和交流，即作为学生主动学习、协作式探索的认知工具。

（二）元认知理论

元认知是弗拉维尔在 1976 年提出来的。元认知是对认知的认知，即个体对自己的认知过程和结果的意识与控制。

元认知对整个学习活动起着控制和协调的作用，监视和指导着学习者对策略的选用和使用。不同的材料、不同的情景需选择不同的策略性知识，这一过程的实现正是元认知策略的体现。

传统的学习理论研究人学到什么和如何去学习，而元学习则研究人是如何控制自己的学习。元认知的观点认为，学生完全能够积极主动地激励自己使用各种不同的学习策略和动机策略来促进自己的学习。

（三）系统论

系统论是新兴的综合学科。它以系统为研究对象，从系统的整体出发，从整体与要素、要素与要素的相互联系、相互作用中综合地把握对象，通过对各种系统的结构、功能和发展的全面考察和比较研究，揭示系统的共同特点和一般规律，为现代科学技术提供了崭新的科学思想和科学方法。系统论是运用目的性、整体性、相互联系性、层次性、有序性、动态性等基本原则，对特定系统进行的研究和应用。其中，整体性是系统的最本质特征。系统论的主要观点有：第一，以整体性观点看问题，重视系统的整体功能；第二，任何孤立的系统都有自发地达到最大的无序状态的倾向，系统的有序化过程往往是在开放的边界条件下进行的；第三，系统某一给定的最终状态可以通过不同的方式、不同的途径达到；第四，系统通过其各组成部分的变化而得到发展，最后达到进一步的整合。

二、开放式数学教学的概念界定

开放式数学教学是指以充分促进学生数学素质全面发展为宗旨，以创设良好的师生关系和教学氛围为条件，以学生合作探索为机制，以教学活动多极化并向纵深发展且增加信息量为途径，以“数学问题”为载体，以培养学生创新精神和创新能力为核心的一种新的教育理念和动态的教育模式。

三、开放式数学教学的主要特征

开放式数学教学虽然属于教学模式的一种，但它不同于一般教学，具有独特性。从系统的观点看整个教学过程，它含有教学目标的整合性、教学过程的开放性、教学过程的动态性等三个主要特征。

（一）教学目标的整合性

开放式数学教学中，学生学习的数学知识，不再是一般意义上的知识，要树立促进学生素质发展的教学观，要重视在学生建构数学知识、数学思想方法的过程中自然地渗透德、智、体、美、劳诸方面的育人因素。除了知识、技能目标外，还应该确立能力目标和情感目标。在开放式课堂教学中，知识技能目标、能力目标和情感目标三者应是和谐的整合，在建构知识的过程中促进学生能力的发展、情感的体验，在能力发展过程中落实知识与技能的掌握、引导情感的升华。如果说以往一直比较关注知识、技能目标的达成，那么开放式课堂教学更加注重能力目标的实现。在目标整合的开放式课堂教学中，课堂与生活联系起来，让学生体验、认识到生活中与数学知识相关的东西，使他们学好数学，养成在生活中应用数学的意识。

（二）教学过程的开放性

系统论认为教学过程可以看作一个系统，它由教师、学生、教学内容、教学设备、教学思想、教学方法等要素组成。其中，教师、学生、教学设备称为系统的硬件；教学内容、教学思想、教学方法等称为系统的软件。开放式课堂教学从系统论观点看是整个教学过程的开放、内容的开放、师生关系的开放、教学方法的开放、教学手段与设备的开放。从教学统一的角度看，教学过程的开放还含有教学活动的开放、思维的开放、学习进程的开放、学习方法的开放。其中，开放教学内容是开放式数学教学的根本；开放教学方法是开放式数学教学的手段；开放师生关系是开放式数学教学的保障；开放学习与方法进度是开放式数学教学的表现；开放思维是开放式数学教学的实质；开放活动是开放式数学教学的实施途径。

1. 教学内容是开放的，不为课本所束缚

开放式数学教学实行教学内容的开放，有利于学生素质各个方面的开发。教学内容的来源很多，可以是教科书、课外读物、生活内容、实践内容、时代内容……教师不为课本所束缚，挖掘知识的产生背景，引导学生探索以展示知识的形成过程，设置开放性的问题（开放性的例题、开放性的习题），创设开放式的教学环境，密切关注知识与生活实际的联系，以此激活学生的思维，培养学生思维的灵活性和创造性，调动学生的学习积极性，培养学生的创造性。

2. 教学方法是开放的，教无定法

目标是通过方法来实现的，在开放式教学中，教学方法是开放的，教师应根据内容和学生选择、调整适合学生思维的教学方法。明确教学有法，教无定法，一节课可以使用多种不同的方法，明确只有适合学生的方法，才是好方法。

3. 师生关系是开放的，民主和谐

传统教育中，师生关系本质上是一种“教与学”的工作关系。各种各样的子关系都从这种工作关系中衍生出来，领导与被领导、管理与被管理、教育与被教育的关系等。也就是说，师生间的关系是以教导和服从为特征的。在开放式教学中，师生关系是开放的，教师的角色是多重的，教师可以是长者、朋友、咨询者、组织者、导学者，教师注重角色的转换，以形成自由、开放、愉快的教学气氛。力求将枯燥死板的灌输变为积极活泼的导学，使学生积极地进行探索与学习。

4. 学习方法与进度是开放的，允许存在差异

首先，学生在学习过程中表现出一定的“路径差”。解一道题不一定按照统一的方法，一个命题有多种表述，即在教学中不追求统一规范；其次，学生在学习过程中表现出一定的“时间差”，教师要懂得“留白”，给学生表达不同意见的机会，允许学生在学习过程中表现出一定的“时间差”。

5. 思维是开放的，不追求统一

在对问题的认识上，不搞“一言堂”，不设高标准答案，允许思维的差异。提倡多维的思维，鼓励学生独立思考、大胆地猜想，鼓励学生敢问、能问、善问，培养学生的质疑精神，开拓学生的创新精神，从而开放思维，激发灵感，切实提高学生分析问题、解决问题的能力。

6. 教学活动是开放的，体现自主性

引导学生开展多种形式的交流协作活动，使课堂活跃起来，学生参与探究方案的设计，培养学生的探索精神，使直线式交流向立体式交流发展。

（三）教学过程的动态性

开放式数学教学的教学过程是动态变化的，学生课堂表现、课堂需求应成为调整教学活动的基本依据。开放式数学教学在课堂上没有固定不变的教学内容、教学过程，教师与学生在目标、价值观、年龄、知识结构、资源等方面的差异，必然导致对客体认识的不一致，因而尽管备了教材、备了学生，教学设想与实际操作之间仍会存在不统一的地方。教师预料中的疑点、难点，在实际教学中未必真是学生的疑难点，除了教材外，往往会因解决问题的需要而进行调整，教师的教学计划被打乱，教学进度或者加快或者减慢。

四、开放式数学教学的教学原则

开放式数学教学由于有其自身的特点，所以教学中除了必须遵守一般的教学原则外，特别要注重遵守主体性原则、开放性原则、成功性原则、探索性原则和合作性原则。

（一）主体性原则

教师必须把学生作为真正的教育主体，把问的权利交给学生，讲的机会让给学生，做的过程放给学生，读的时间还给学生，学生是一切活动的出发点和归宿，学生在教育教学过程中能主动参与、全员参与和全程参与，能与教师一起选择、设计和完成多种教育活动，能更加体现出参与过程中的思维力度和自主权。

（二）开放性原则

这是开放式教学中最直接、最本质的原则。在开放式数学教学中，要改变传统的、封闭的、单一的僵化状态，体现出它的“开放性”。重视思维过程的分析，要尽量从不同角度、不同方法来分析解决同一问题，运用一题多解、一题多变、一题多问等形式，努力形成一种“开放、弹性、多元”的动态状态，使得教学目标是弹性的；教学过程是动态的；教学内容是开放的；教学方法是多元组合的；教学结果是多样的；学生发展是多种取向、多种可能和多种机会的；教学评价是多维的。

（三）成功性原则

教学中注重贯彻激励教育思想，教师积极鼓励学生探索解决问题的新途径、新方法，培育学生对自已获得成功的勇气和自信，让每个学生都体验到成功的愉悦，激发其不断追求成功的欲望，提高学生学习数学的兴趣，变被动学习为主动学习。恰当地运用鼓励、表扬手段，引导学生克服困难，获得解决问题的愉悦心理，从而激发学生探索的欲望。

（四）探索性原则

在开放的条件下，注重培养学生的独立思考能力，提出适合全体学生知识水平和认知结构特点的探索性问题，善于为学生创设解决问题的情景，引导学生为解决问题而探索，唤起学生的情感体验，鼓励学生发表经过思考的、带有个人认识和个人情感的见解、体会和看法。重视培养学生发现问题、解决问题的能力。

（五）合作性原则

强调以人为本，强调人的主体作用，特别重视挖掘师生的集体智慧和力量。在开放式教学中，学生根据教师提供的系统材料和问题，展开合作研讨和交流。从而使优等生得到发展，中等生得到锻炼，学习困难的学生得到帮助和提高，群体合作能力得到发挥，学生的合作能力、思维能力，特别是创新能力得到发展。

五、开放式数学教学的实施策略

对开放式数学课堂教学的基本特征有一个初步的认识后，如何能更好地在课堂教学中实施开放式数学教学呢？实施开放式数学教学的策略应重视以下五个关系。

（一）处理好主体与主导的关系，积极营造良好的教学氛围

要大力提倡教学民主，让学生真正成为教学的主体。美国心理学家马斯洛认为："满足人的爱和受尊重的需要，人就会感觉到自己在世界上有价值、有用处、有能力，从而唤起自尊、自强、自我实现的需要。"因此，教师应以友好的态度去热爱、信任和尊重每一个学生，保证每个学生都有参与到数学活动中去的机会，激发学生的参与欲望，满足学生的表现欲，小心呵护学生的创造天性，使每个学生真正成为教学的主体。另外，要合理、适度地发挥教师的主导作用。开放式教学并不是让学生牵着鼻子走，学生想怎样就怎样，教师只能跟着学生，完全失去了主导作用，教师应充分发挥引导者的作用，使师生之间的交流融洽、和谐，处理好主体与主导的关系。积极营造良好的教学氛围，是实施开放式课堂教学的重要前提。

（二）把握好“放”与“收”的关系，重视开放度

在教学中应重视开放度的把握，把握好“放”与“收”的关系。每一个知识点、思维点或活动要不要开放？要怎么开放？要开放到什么程度？这都是一堂开放式数学教学成功的关键。而开放多少、开放多深不是教师说了算，而要看学生的知识基础、思维能力、教材内容，同时还要看学生处于什么阶段以及教师自身的素质和能力。既不能让学生的活动无法开放，又不能让学生的活动开放得不着边际，无法控制和把握。

（三）处理好“问”与“被问”的关系，鼓励学生提问题

“思起于疑”。不论“问”还是“被问”都必须引起我们的重视。著名的数学教育家波利亚认为：“高质量的提问，使学生不断产生‘是什么’‘为什么’的定向反射。”高质量的提问在课堂教学中不仅可以长时间地维持学生的有意注意，而且还会很好地培养学生的思维习惯。如果学生一味处于教师的提问中，势必造成学生思维的依赖性，因而必须适当地把问的权利还给学生。在开放式教学中，要鼓励学生不受时间、空间的限制提出问题。提出一个问题比解决一个问题更为重要，因为解决问题也许仅是一个数学上或实验上的技能而已，而提出新的问题，却需要创造性的想象力，而且标志着科学的真正进步。

（四）处理好独立探索与合作探索的关系，建立探索的课堂机制

苏霍姆林斯基在《给教师的建议 100 条》中说过：“在人的心灵深处，都有一个根深蒂固的需要，这就是希望自己是一个发现者、研究者、探索者。”在开放式数学教学中，由于思维的开放性，为探索提供了可能。这就使得数学教学中必须既注重学生的独立探索，又注重学生的合作探索。数学学习需要独立思考，通过学习者个人的主观努力去获取数学知识，解决数学问题。只有注重学生的独立思维、独立探索，注重学生发现层面的理解，学生才具有更高的数学成熟程度，即更强的研究意识，并具有提出尖锐问题的积极性

和能力。但是，仅有个人的努力是不够的，数学中的许多问题需要大家合作研讨，通过集体的智慧去解决。提倡合作探索，有利于小组成员对知识理解得更加丰富与全面，有利于发挥每个学生的主动性和创造性，提高学生自主探索的能力，许多独到的观点和见解都有赖于创设合作探索的情境，合作探索还有利于学生学会交流与合作，以适应未来社会的要求。合作探索既要表现自主性，又要体现协作性。

（五）处理好知识与思维的关系，提高学生思维能力

知识是思维的基础，学生如果没有掌握运算法则和解题法则就不可能按照具体的条件求得答案、解决问题。知识虽然有助于思维，但不能取代思维，思维属于如何运用知识的知识。思维是人脑中动态的意识对于客观事物的反映，这种动态的意识具有很强的主观性，在思维中起着能动地促进发展的作用。知识以思维为媒介，没有思维的知识是无用、空洞的知识。教学中，要注重学生思维潜力的挖掘，发挥其既是知识的产物，又是知识媒介的双重作用。同时教学中，要处理好知识与思维的关系，实现“已有知识—思维—新知识”的飞跃。

第二节　开放数学教学内容培养学生的创新意识

数学的特征决定了它作为思维教育的重要学科是不可代替的。上一节我们对开放式教学有了初步的认识，这里我们准备针对教学内容的开放，谈谈怎样开放教学内容和如何利用开放性教学内容培养学生的创新思维。为了区别一般意义的开放式教学，我们称之为开放性教学。通过对教学内容的开放，使教学内容生活化、灵活化、直观化，优化教学素材，这对培养学生的创新思维是一个有益的尝试。

一、数学教学内容的开放

正如前文所述，教材内容过于强调自身的系统性与知识性，与实际有一定脱节，有自身的局限性。教学中不可以单纯依赖教材，而应该开放教学内容，适时补充相关内容，调动学生学习的积极性，培养学生的创造性。数学课堂教学内容可从以下几个方面开放。

（一）思想品质教育

各国都重视对儿童进行品德、行为教育，并且都注意从本国国情、从社会对人的素质要求出发，研究和探索思想品德教育的内容、途径和方法。数学是研究现实世界的空间形式和数量关系的学科，它含有丰富的辩证唯物主义思想、科学的精神与方法，教师可以在数学课堂中渗透思想品德教育的内容，培养学生良好的思想品德，帮助学生树立科学的人生观和世界观。

1. 进行爱国主义教育

我国是四大文明古国之一，我国古代数学走在世界的前列，可用一些生动的例子激发学生的爱国主义热情。例如“祖暅原理”是连接简单几何体和复杂几何体体积的桥梁，也是推导柱、锥、台体积的理论基础和依据，它是由祖冲之的儿子在公元5世纪提出，到17世纪才由意大利卡瓦列斯重新提出，相比晚了一千多年。

2. 培养勇于探索、严以治学的精神

利用适当的例子对学生进行熏陶，以陶冶他们勇于探索、严以治学的精神。如历史上女数学家爱米·诺德（1882—1935）的故事。中学毕业的爱米有升大学念书和去中学教书的两种选择。去中学教书是一条阳关大道，她已经于1900年4月顺利通过了到中学教书的统一考试。而上大学，在当时的德国大学，对女性持歧视的态度：不能正式注册，只能当旁听生。许多教授对女生十分苛求，一个女生要想通过大学的重重困难非得有惊人的勇气。当年的埃尔兰根大学有上千名学生，旁听的女生却只有两名，爱米就是其中之一。三年的大学生活，她凭着专心与毅力，通过了最后的毕业考试，增强了她攀登科学高峰的信心。

（二）当前数学研究进展或成果

科学是不断发展的，知识是动态生成的。中学数学教学应该向学科科学发展的前沿开放。大纲与教材中选择的教学内容反映了最基础的知识结构，具有一定的稳定性。但现今我们所具有的知识只是真理长河中的相对真理。科学技术的发展日新月异，以静态形式呈现的教材不可能即时呈现出本学科最新的研究动态，这就需要教师主动搜寻新的信息，以此激励学生的求知欲望。如介绍医院的 CT 扫描仪，CT 扫描仪的全称就是用计算机操纵的 X 射线断层扫描仪，它是由美国科学家 A.M.科马克与英国科学家 G.N.豪斯费尔德开发设计的，并获得 1979 年的诺贝尔奖。医学上用传统的 X 光技术判断早期的癌症信息的时候遇到了严重的困难，在 20 世纪 60 年代，有三位英国科学家提出一个新的观念，就是利用解数学方程式的办法，把正常组织对有用信号的干扰和背景作为参变量消去，这种新的观念和新的技术，解决了人们在医学领域企盼的很多问题，也使得人们可以从端部到后部，逐步了解一个三维物体的内部密度分布。这个案例被美国麻省理工学院（MIT）选择对新入学大学生的思维训练的必读教材。它向我们表明了一个重要的事实，就是现代科学技术发展离不开数学这个基础。

又如介绍 GPS 系统——最能代表现代技术的威力和技术特征的发明。GPS 是由 Global Position System 三个英文单词的第一个英文字母组成的，全称是全球卫星定位系统。在工作过程中，向地球的经极轨道发 24 颗极轨卫星，利用这 24 颗卫星，能够迅速解出来你自己所在的空间位置。有了这套技术，人们在地球上就有了精确的、量化的空间感，这对于定位、制导和研究大地的形变，以及预报地球的灾难都是至关重要的。这是一项突破性的技术，采用了综合性的、最新的技术手段，包括精确的时间测量技术、集成电路技术、计算机技术和航天技术等。

还可以介绍希尔波特的十大问题等，利用这类实例可以进一步吸引学生学习数学的兴趣，激发学生学习数学的积极性，明确学习的目的性。

（三）学科发展史

学生有权力知道他们学习这些知识的必要性，有必要知道他们所学知识的重要性，也有能力理解所学学科的来源与发展的内容。教学中可对古书籍如《几何原本》《九章算术》进行介绍，还可以介绍数学的各个大大小小的分支。如介绍集合论，集合的思想起源很早，古希腊的原子论学派就是把直线看成一些原子的排列，但是集合论作为一门科学在19世纪末20世纪初才发展起来。为集合论做出决定性贡献的是德国著名数学家康托尔(1845—1918)，他专门论述集合论的文章是从1874年开始的，分别发表于《数学年鉴》及《数学杂志》。现代集合论的概念与思想已经渗透到数学的所有分支，成为近代数学的基础。伟大的数学家希尔伯特(1862—1943)高度评价康托尔的理论，认为它是数学思想最惊人的产物。了解学科来源与发展，能促使学生进入学习的角色，激起学生学习与研究数学的愿望，对学生更好地学习有帮助。

（四）对教材内容的处理

教材有局限性，不可能面面俱到，特别是只能呈现思维的结论不可能展现思维的过程，开放教学内容就是要打破“教材等于教学内容”的狭隘观念，对教材进行灵活处理和使用。教师结合所教内容的知识结构和教学目的的要求，并根据学生特点与学生知识基础对教学进程进行调整或设计有针对性的补充材料，不能忽视知识后面的思想方法，不能忽视思维的展现，不能忽视知识学习中能力的培养。

1. 从学生实际出发，调整、删减或重组教材内容

教材内容的讲解具有陈述性的特点，不易引起学生的探索欲望，而且比较适合系列性思维的学生而不适合整体性思维的学生。但是培养学生的整体性思维对于创新思维能力的培养极其重要，因此教学中有必要从学生的实际出发去调整、删减或重组教材内容。

2. 补充教材内容

（1）适当安排一些具体的实践活动内容。弗赖登塔尔曾经说：“学一个活动的最好方法是‘做’。”学生的学习只有通过自身的操作活动和再现创造性的“做”才可能是有效的。在每堂课里，一定要留有时间让学生独自解题。除了常见的解题实践外还可以安排一些操作性的数学实践活动，如圆锥的体积是圆柱体积的三分之一。事先让学生准备等底、等高的圆锥形容器和圆柱形容器各一个，在上课时让学生实践用圆锥形容器装满米，然后倒进圆柱形容器中，试看要如此重复几次，以此探求这两个几何体体积的关系。通过实践，既可以使抽象的数学知识具体化，让短时记忆以动作效果来储存，改善短时记忆保持时间短的问题，提高思维的联系水平，还可以培养学生个性和创新意识。

（2）进行思维的展开。要让学生看到教师思维的真实过程，因为学生的思维发展往往是从模仿教师的思维开始的。教师要让学生看到自己的思维轨迹，让学生看到教师如何从数学教材中捕捉信息，如何加工组合这些信息，中间经历了哪些曲折，最后是如何联系上相关的公式、定理的，那种只让学生看到自己的思维结果，把思维过程中受困或失败的部分隐瞒了的教学，不利于学生从教师组织的分析概括活动中学习思维。另一方面，教师切忌用自己的思维取代学生的思维，应该重视学生的疑问与思维。教学是教与学的统一，要讲究提问的艺术，要为学生的疑问与思维创设情景、提供机会，通过展示学生的思维，暴露学生在思维活动中的困难、障碍、错误和疑问，发现学生思维的闪光点和创造性思维的火花，引导学生探求知识，锻炼学生各个方面的能力。

（3）提倡师生借“题”发挥、小“题”大做。突破教材练习“理想化、标准化”的限制，注重挖掘课本典型题例的潜在功能，注意结合学生的心理特点和认识水平，从不同角度、不同层次、不同侧面，有目的、有针对性地不断设计组编一些具有探索性、开放性的题目，或者以知识点或方法为目的搞一些题组训练，为学生提供多种类型的思维训练素材，充分发挥这些素材的导向、典型、发展和教育的作用，反复渗透与运用数学思维方法，把数学知识溶入活的思维训练中去，并在不断的“问题获解”过程中深化、发展学生的思维。

（五）学法指导内容

埃德加·富尔在《学会生存》一书中指出：“未来的文盲，不再是不识字的人，而是没有学会怎样学习的人。”我们应树立终身教育的思想，数学教育应把教会学生“会学”数学作为一项重要的教育目标，必须使学生掌握一定的学习方法，并使学生获得具有恰当地选择和运用学习方法进行有效学习的能力。因此教学中应该指导学生掌握学习方法。

1. 一般的学习方法指导

进行一般的学习方法指导，如何读书、如何复习、如何记忆等指导学生按一定的要求去预习；指导学生听课时注意老师是怎样提出问题和明确问题，怎样分析问题和解决问题的，指导学生养成独立思考、独立完成、书写规范、论证严密、计算准确的作业习惯等。

2. 学习数学的指导

结合数学学科的具体知识、学法特点和学生的思想实际进行学习数学的指导，如抓住有关的反例、特例或变式，精讲数学解题的策略和思维方式；进行迁移训练，重视学法的理性反思，强化并进行迁移运用，在运用中掌握学法；根据教学实际，及时引导学生把所学的知识加以总结，使知识逐步完善，并找出规律性的东西，如在公式和法则的学习中，要指导学生注意公式的运用范围、公式的来龙去脉以及相关公式之间的逻辑体系，如三角函数的和角公式、倍角公式、半角公式、和差化积公式、积化和差公式等，构成一个逻辑关系紧密的公式体系，记住了和角公式，其他公式都可以由此推导出来。

3. 自学方法的指导

“学会”是学生在教师的指导下掌握知识的能力，是形成性的学习，“会学”是学生独立获取知识的自学能力，是实质性的学习。教会学生自学，指导学生在自学过程中要“重直观，善置疑，多类比，勤归纳”。“重直观”就是要求学生重视对数学中的“数”和“形”的直觉观察；“善置疑”就是要求学生对所接触的问题要善于大胆的怀疑，或是提出相反的看法，通过正反两方面的探索，去发现问题的真谛；“多类比”就是要求学生遇到两种以上概念或问题时，要通过类比、联想，寻找其“相关性”或“互斥性”；“勤归纳”就是要求学生一方面把自学中猎取的大量素材条理化、系统化，实现知识的“浓缩”，另一方面则是对问题从纵横两方面进行追溯、引申、类比、联想，通过对特殊问题的观察、分析、猜想，归纳出一般规律，揭示其内在联系。

4. 引导质疑解疑

教师要注重提问艺术，提出的问题要有利于激发学生多向思考，调动学生的创造性思维。多向思考的问题比单向或定向的问题更能调动学生的创造性思维。教师在课堂中要少用些判断性提问（对不对？是不是？）、叙述性提问（是什么？），多用一些说理性提问（为什么？）、发散性提问（除此之外，你还想到些什么？）。教学中，教师还要引导学生在读书过程中发现问题、提出问题，并尝试自己解决问题。提问题是思考的结果，也是创新的开始，教师不但要唤醒学生的问题意识，鼓励学生提出问题，还要重视学生的主动质疑，随机点拨质疑的方法，培养学生质疑的能力。要重视引导解疑，引导学生抓住疑难的本质，围绕疑难本身进行一系列的发问，以问代答，一步一步降低问题的难度，一步一步揭开疑难的面纱，接近问题的答案。

二、开放性数学教学内容对学生创新思维的培养

据有关创造过程机制的研究表明，创造的关键是思维。这就要求我们明确：数学的课堂教学不仅是数学知识的传授，更重要的是利用数学知识、数学问题来发展学生的思维能力，数学思维能力的培养是数学课堂教学的主线。开放教学内容有利于数学思维能力的培养，特别是创新思维能力的培养。

对于思维主体来说，创新思维是一种新颖独到的思维活动。它包括发现新事物、揭示新规律、提出新方法、解决新问题等思维过程。尽管这些思维结果通常并不是首次发现，但对于思维主体而言一定是本身的首次发现或超越常规的思考。数学创新思维含有直觉思维、形象思维等数学思维的基本成

分，具有发散性、整合性的基本特征，具有广阔性、敏捷性、深刻性、灵活性、独特性、批判性等特征。可以从下面几方面培养学生的创新思维能力。

（一）思维发散性的培养

徐利治教授说："数学的新思想、新概念和新方法往往源于发散思维。"创新思维是建立在发散思维基础上的，发散思维是创造性思维的重要特征之一，要开发和培养学生的创造力，应该重视对学生进行发散思维训练。发散思维是一种辐射型的思维方式，是指依据研究对象提供的信息，打破思维常规，对已知信息进行多角度、多方位、多层次的处理，寻求变异，探索多种解决问题的方案或新途径的思维形式。这种思维形式打破了常规的思维框架，产生了尽可能多的、新的、奇的、好的、可行的、不可行的、正确的、谬误的方案。

美国心理学家吉尔福特认为，发散思维具有流畅、变通、独创三个特征。流畅性(指发散的量)、变通性(指发散的灵活性)和独创性(指发散的新奇成分)是发散思维的三个维度，这三个维度又是创造性思维的重要内容。培养学生的发散思维，就应加强这"三个维度"的训练。

1. 学生构建"数学认知结构"，培养发散思维的流畅性

20 世纪 60 年代，美国心理学家通过训练大学生思维流畅性的实验发现，思维流畅性的训练可以促进创新思维的发展。思维流畅性与思维逻辑性直接相关，所以首先要帮助学生厘清知识间的逻辑关系。在教学中既要注意使知识在层次上不断深化，帮助学生把新知识及时纳入已有的知识体系，特别要注意数学知识之间的关系和联系，逐步形成和扩充知识结构系统；在教学中还要充分提炼和总结出带有规律性的解题方法，并使学生学会熟练地运用分析、综合、抽象、概括、类比、归纳、演绎等逻辑思维方法来处理数学问题，做到善于使用数学模式。勉励学生在大脑中构建"数学认知结构"，形成一个条理化、网络化的系统。这样，在解题时就能由题目所提供的要素，在所建构系统网络中较快地寻找解题途径，优化解题过程，实现正迁移。

2. 学会多方位思考，培养发散思维的变通性

因审视的方位不同，一个数学问题会有几种不同解法。在教学中，教师若能抓住一切有利时机，精心设计一些数学问题，经常有意识地启发引导学生从不同的方向，变换思维角度进行广泛探索与求解，特别是探寻最简、最优的解法，这不仅有利于使学生融会贯通，而且有利于培养学生的思维变通能力。

3. 拓展发散思维空间，培养发散思维的独创性

思维的独创性是各种思维品质中最重要的一种品质，这种品质可以从后天的学习中培养起来，它并不是少数天才的专利。每种事物都可以突破常规，进行创造。因此，学生在学习中应不满足于当前水平，应养成探索新的构思、新的解题思路和方法，逐步形成自己的创造力。在课堂教学中，教师要进行一题多解的思维变通性训练，还要引导学生一题多变，一题多联。适当改变条件，探讨结论的变化，并且注意引申和推广命题，寓“变、联”于日常教学之中，鼓励学生敢于标新立异，养成发散思维习惯。同时以“变、联”的魅力来激起他们的好奇心、好胜心，促使学生热爱数学。

（二）直觉思维的培养

布鲁纳认为，直觉思维是非逻辑或超逻辑的，是认识过程的飞跃和渐进性的中断，是瞬间的顿悟和贯通。数学直觉是人脑有意识地对于数学对象的某种直接领悟或洞察。有灵感思维和非灵感思维之分。法国著名数学家彭加勒曾说过：“逻辑是证明工具，直觉是发明工具。”高斯曾经说过：“发现和创新比命题的证明更重要，因为一旦抓住真理以后，验证往往只是时间问题。”直觉思维是创造性思维的一种表现，它既是发明创造的先导，也是百思不解之后突然诞生的硕果，在创造发明的过程中占有重要地位。为了培养学生的创新思维，教师应当有意识地帮助学生去发展直觉思维。

1. 要培养直觉思维的整体性和概括性，激发学生的直觉思维

直觉思维的产生是由于直觉整体性的体现，是思维全方位整合的结果。也就是说直觉思维与流畅性有相似之处，总是以熟悉有关知识及其结构为基

础的，哥德巴赫如果从未学过数论的有关理论，即使具有直觉思维，也绝不会有哥德巴赫猜想。要发展学生的直觉思维，就要教育学生认真掌握每一门学科的基本理论，培养直觉思维的整体性，这是发展学生直觉思维的根本。要培养直觉思维的概括性，就是要培养学生的简缩思维。思维之所以能揭示事物的本质和内在规律的关系，主要来自抽象和概括的过程，即思维的概括的反映。概括性是思维的最显著特征，简缩思维是思维概括性的反映。我们应该重视思维概括性的锻炼，在分析问题时要考虑到所有可能性，努力寻求导向目的的最简捷的逻辑途径，力求思路简洁。

2. 要鼓励猜想，诱发学生的灵感思维

科学上的许多发现都是先凭直觉做出猜想，而后才去证明或验证。如著名的哥德巴赫猜想、费尔马猜想、欧拉猜想等。在实际教学过程中，教师要鼓励学生大胆猜想，以此激发学生的学习兴趣，发展学生的直觉思维，达到启迪思维、传授知识的目的。

教学中还可选择适当的题目类型，培养学生的直觉思维。例如选择题，由于只要求从四个选择中挑选出来，省略解题过程，允许合理的猜想，有利于直觉思维的发展。实施开放性问题教学，也是培养直觉思维的有效方法。开放性问题的条件或结论不够明确，可以从多个角度由果寻因，由因索果，提出猜想，答案的发散性有利于直觉思维能力的培养。

（三）思维整合性的培养

创新思维活动同时又是一种多维整合的过程，在思维上表现为思维类型的有机结合，即收敛思维与发散思维、逻辑思维与直觉思维、抽象思维与形象思维、静态思维与动态思维的相互配合，从而使学生的思维具有多维整合的功能，形成多维交融的状态，达到创新的目的。

直觉思维和逻辑思维、收敛思维和发散思维、抽象思维与形象思维它们分别是一对矛盾的统一体。首先，直觉思维的程序是从特殊到一般，非逻辑的、迅速的知觉，直截了当地做出预测性的答案，逻辑思维的程序是由一般到特殊递进地进行；发散思维是从不同方向、不同角度多途径地探索，而收敛思维则是程序式的，按照一定的思路，集中从一个方面寻求标准式的答案；抽象思维是对事物本质属性的抽取过程，形象思维是通过事物的具体形象和表象而进行的联想、想象。矛盾的两个方面是对立的，强调其对立的同时，并不能忘记矛盾的两个方面又是相互依存的。要培养创新思维就必须全面地认识二者之间对立、统一的辩证关系，要真正处理好发散思维和收敛思维、直觉思维与逻辑思维、形象思维与抽象思维的整合关系。

1. 发散思维和收敛思维的整合

数学思维按照思维的指向可以分为收敛思维和发散思维。如上所述，发散思维确是创造性思维的主要形式，但是片面强调思维的发散是不正确的，如果仅停留在发散思维阶段，就会使人犹豫不决，不易抓住问题的本质和关键，达不到创造的目的，在多种发散的方法中，只有获得收敛思维的配合，才能获得一种最简捷、最科学的方案与结果，所以创造性思维还应包含收敛思维。研究证明，发散思维和收敛思维，在创新思维过程中是互相促进、彼此沟通、互为前提、互为补充的，一个创造性活动的全过程，要经过从发散思维到收敛思维，再从收敛思维到发散思维，多次循环才能完成。收敛思维和发散思维各有优点、缺点和独特作用，因此在教学思维过程中必须把两者统一起来，创设条件让学生同时锻炼。

2. 直觉思维与逻辑思维的整合

从思维方式上看，思维可以分为逻辑思维和直觉思维。逻辑思维是指严格遵循逻辑规律，逐步进行分析与推导，最后得出合乎逻辑的正确答案和结论的思维活动。直觉思维是一种没有完整的分析过程与逻辑程序，依靠灵感和顿悟，快速地做出判断和结论的思维活动。但在利用直觉思维提出新思想、新设想之后，仍需要用逻辑思维进行推理和论证。因此，我们不能排斥或贬低逻辑思维在创造活动中的作用，逻辑思维与直觉思维同等重要，偏离任何一方都会制约一个人思维能力的发展，伊思·斯图尔特曾经说过这样一句话："数学的全部力量就在于直觉和严格性巧妙地结合在一起，受控制的精神和富有灵感的逻辑。"受控制的精神和富有美感的逻辑正是数学的魅力所在。事实上，整个创造性思维的发展都是在逻辑思维和直觉思维的交叉状态下进行的。

3. 形象思维与抽象思维的整合

创新思维是抽象思维与形象思维的对立统一。抽象思维是舍弃非本质属性，抽取出事物本质属性的思维过程。形象思维是凭借事物的具体形象和表象的联想、想象来进行思维的活动。形象思维在创新思维活动中所起的作用在于创造想象参与思维过程，使思维活动能够结合以往的经验，在想象中形成创造性的新形象，提出新的假设。创造想象参与思维过程是创造活动顺利开展的关键。抽象思维和形象思维相辅相成，缺一不可，形象思维是抽象思维的基础，形象思维有助于学生对抽象概念的理解，抽象思维是形象思维的发展，因此，必须重视抽象思维与形象思维的整合。

由以上分析可见，发散思维、直觉思维和形象思维在创造活动中起着非常重要的作用。同时，创造性思维也离不开收敛思维、逻辑思维和抽象思维，创造性思维正是这些不同思维方式的对立统一，是多种思维形式错综复杂地交融而形成的综合思维过程，在某些阶段非逻辑思维或发散思维起着突破性作用，而在另一些阶段逻辑思维或收敛思维又为问题解决铺垫阶梯，不注重非逻辑思维或发散思维的培养，不能形成创新能力，同样忽视逻辑思维或收敛思维的训练，也不会有良好的创新能力。教学中应重视各种思维灵活地整合，培养学生实现各种思维合理地、完美地交融。

第六章　联结学习与创新意识

第一节　联结学习的理论概述

联结学习是在联结主义理论指导下提出的一种学习方式。联结主义理论是研究学生的数学创新意识至关重要的研究基底和载体。对联结主义的理解不同，得出的结论也不同。因此，将首先对联结主义及联结主义下的学习理论的起源、发展和某些领域的成果进行综述。

联结主义是20世纪中期与符号加工理论一同出现的认知心理学的另一研究理论，可以说它是哲学、神经科学、计算机科学、控制论、心理学等众多学科综合发展的产物，因此它便成为众多学科的方法论，为它们提供指导。通常人们把1943年作为联结主义研究的开始年份，以当年Mcculloch和Pitts在数学、生物、物理学会刊*Bulletin of Mathematical Biophysics*上发表的题为《神经系统中所蕴涵的思想的逻辑演算》为标志。下文着重对心理学和教育学的相关成果进行阐述，并对其他领域的相关研究成果进行介绍。

一、心理学界对联结主义及联结学习研究的相关理论成果

联结主义是认知心理学的一种研究取向和理论。它的出现并非空穴来风，在这种研究取向出现之前，心理学界已经有了这种思想的萌芽。当代联结主义理论正是在这些思想的基础上才得以形成。

英国著名哲学家和进化论心理学家斯宾塞在其代表作《心理学原理》中的观点就非常接近当代联结主义的“知识存在于联结之中”的思想。且斯宾塞观点的最重要方面是他强调“变化的联结”的重要性。

联结主义能够在知识处理活动中阐述知识网络中知识点间的关系。存在

于数据库中的知识需要与适当的环境背景进行联结才能进行有效的分类学习。站在学习的立场来看，学习是联结主义的一个重要特征。从心理学角度来看，在讨论学习问题时，联结主义是将具有神经元功能的大量单元组合成网络，考察它们并行的动态特征，以此立场来看，所谓学习就是联结权重的变化，是原来的联结消失而产生一种新的联结关系。或者说，联结主义所谓的学习就是对联结权重的适应性变化，通过联结权重的改变以使输出符合期望。因此，在联结权重进行适应性变化的过程中为学生创新意识的提高提供了契机。

在联结主义模型被挖掘出来之前，曾有一些相似的理论模型认为知识在个体内部不是零散的，这些理论模型包括：符号—网络模型、层次语义网络模型、激活—扩散模型、联想记忆模型等。

1. 符号—网络模型

该模型主要是基于数学和计算机程序的方式，模拟和探讨人类解决问题的组织和呈现方式。其中，概念是以“结点”形式表示的，结点通过带有箭头的连线联结，结点和连线表明了概念间可能的联系和它们之间的紧密程度。人脑中的知识被假设成以结点和连线形式存储、组织和呈现。检索是按箭头方向逐个结点进行，是一种按认知系列加工方式进行的，检索一直到最近的结点，如果哪里提取的知识能够回答或解决某个特定问题，检索就会停止，否则会继续进行下去，直到发现答案或解决问题才放弃。在这个过程中，结点代表概念对心理事件的表征远比对外界事物的表征更复杂。但这个模型中概念是系列串行加工，对复杂问题的解决的差异无法解释清楚。

2. 层次语义网络模型

层次语义网络模型是符号网络模型的一个特例。由 Collins 和 Quillian（1969）在其博士论文中提出。Collins 和 Quillian 在该模型中认为，语义知识可以表示为由相互联结的概念而组成的网络。由于每个概念有一定的本质属性和特征，有些属性和特征又与其他概念相互联系。因此，概念具有层次特征，同时每个概念又有一个或多个特征。该模型中的有关概念在上下级层次以及在同级水平的组织，通过结点和连线构成了复杂的层次语义网络。在模型中，有些结点是相连的，而且人对概念的表征遵循认知经济性原则，不会有多余的信息。一般结点的共同属性或普遍属性都存储在最高层级的结点上，只有能够区别其他事物的具体特征，才存储在低水平的层级上。层次语义网络模型是概念的逻辑关系构建的，有简洁明了的特点，但也存在一些问题，主要表现在该模型中概念之间的联系种类太少，概念的特征和属性分级存储，增加检索与提取时间，同时很难解释像“判断麻雀是鸟比判断鸡是鸟快得多”的类似的典型性效应。

3. 激活—扩散模型

由于层次语义网络模型是从逻辑而不是心理意义来解释人类知识的组织与表征，还不能很好地说明概念在心理上的表征情况。为此，Collins 和 Loftus 修正并发展了一种新的概念知识模型。该模型认为，个体内部知识是以语义关系或语义之间的距离来组织和表征的。个体头脑所存储的是一种巨大的概念网络，网络连接的不是词而是概念和概念间的关系。概念之间的连线越短，表示概念联系越紧密，越具有共同的特征。概念不是分级储存的，概念的内涵由与它相联系的其他概念，特别是紧密相连的概念决定。当概念出现时，语义记忆中的相应概念结点被激活，被激活的概念结点开始扩散到其他概念，尤其是有紧密联系的概念，这种激活和扩散加速了人对环境与外界事物的认知速度。其中概念结点被激活的主要决定因素，在于搜索的策略和决策。激活—扩散模型比层次语义网络模型更能说明人类的知识存储和表征，它表明了不同概念之间的语义联系和它们之间的紧密程度、连接强度、激活扩散到其他概念的过程，是一种更符合人类特点的语义网络模型，但它忽视了语言描述与其他描述的心理表征的差别。

4. 联想—记忆模型

这种模型假设，命题是知识表征的基本单位，命题是联想观念的集中。命题联想有五种类型：上下文—事实联想、地点—时间联想、主项—谓项联想、关系—宾项联想、概念—实例联想。当上述五项联想适当结合，就可以形成一个完整的命题表征。

在模型中，知识不是按概念的特性或概念的语义距离来表征，而是按照命题的结构组织来表征，它们具有网络性质。人脑中的陈述性知识是以一个庞大的命题树网络存储。这种命题树结构模型的优点是既可以作为语义知识的表征，也可以作情境性知识的表征，还能将两者结合起来。另外，还可以使一个命题嵌进另一个命题之中，然后把几个命题有机地结合在一起，构成复杂的命题网络来表示更复杂的知识。

以上几种理论，都认为知识在个体内部不是零散的，而是由概念或命题组成的、相互联系的庞大网络。这种网络是知识表征的一种基本单位，但对较大的、多层次、重叠的综合性知识，还难以给出满意的解释。而且这些理论都是关于心理表征的传统的符号主义范式，这种范式的基本观点是，人类认知主要通过各种规则的加工来操作符号表征。在符号主义范式中，个体需要明确地声明心理内容是怎样被表征的，而且必须确定这些表征是怎样被各种规则来操纵的。但我们还不知道这些符号是怎样在神经元水平工作的。为回答这些问题，平行加工范式于20世纪80年代出现，并称之为联结主义模型理论。

联结主义模型理论认为，网络由元素或类神经的单元或结点交织连接而成，其中一个单元可以和许多单元发生联系。单元通过兴奋或抑制的方式影响其他单元。一个单元通常累加所有输入的信息，当累加信息超过某一阈限时，就输出一个结果到另一个单元。网络总体受单元的特征、单元间连接的方式和决定各单元连接强度的各项规则制约。网络有不同的结构和层次，包括一个输入层、一个中间层或隐藏层、一个输出层。概念表征可通过分布方式以某一兴奋模式存储于网络中，同一网络中可以有不同兴奋模式且互不干扰。每一输入单元把一个刺激编码成存储于那些单元中的一个兴奋模式，输出层把某一反应存储为一个兴奋模式。当一个网络对进入输入层的某一特定刺激在输出层产生特定反应时，它就能较为稳定地运行。由于基于联结主义的知识表征是一种分布式的平行加工过程，这种表征的特点是地址与内容匹配，任何经历的场景或事件均能促进后续记忆的提取，即使我们只记住实体的部分特征，也完全可以帮助恢复整个实体。此外，分布式表征允许产生自动化加工，如果以一种与内容和地址相匹配的方式表征，相似的模式会产生相似的反应。

二、教育学界对联结学习的相关研究

联结学习将联结主义作为理论基础，联结主义是联结学习的发展源头。“联结”一词正式出现在教育界是以 Thorndike 为代表的机能主义者通过实验提出的。

他通过实验证明，在一定的情境中，动物的学习是通过不断的尝试最后才能获得成功。经过多次尝试，在刺激和反应之间就建立了一种联结关系，学习就是要形成这种联结关系。他根据动物实验的结论，提出了系统的学习理论，认为人类学习的过程只是尝试错误的渐进过程，学习和解决问题就是不断尝试，并提出了学习的练习律、准备律、效果律和训练或学习迁移说，从而构建了早期的系统学习理论。B.L.Thorndike 的联结主义学习理论单纯将学习看成是刺激与反应之间的联结，否认动物联结形成中观念的作用，这使他限制意识的作用，强调客观化，为行为主义否认意识作用提供了前提。后来的联结主义支持者进一步发展了 B.L.Thorndike 的训练和学习迁移理论，认为复杂的技能是指通过获得简单的成分，然后将它们合并成为复杂的行为能力。学习可以先从简单的开始，按一定的顺序向复杂排列，经过重复训练就能形成解决问题的能力。在今天的学习和考试训练中，仍能找到这些观点的踪影。

这个理论从某些方面揭示了学习的本质，但由于这些理论大多以动物作为实验对象，当把这些理论运用到人类时，就暴露了局限性，而且这种把从动物处所获得的结论用以解释人类行为的做法，是一种机械还原论，在理论上也是不可取的。但不可否认的是，这些理论为以后教学问题和学习问题的研究提供了有益的启示。联结主义学习中的独立思考阶段是对上述理论的改进，因此，我们可以说联结主义是对行为主义的完善。除此之外，联结主义系统要解决的问题正是激进行为主义的代表人物华生所提出的观点——已知刺激，我们如何去刺激一个系统以使其产生预期的反应。从这种意义上说行为主义已经提出了当代联结主义的任务，或说行为主义提出的问题要由联结主义来解决。

提到创新，人们自然而然会想到顿悟，而最初研究顿悟理论的 W.Kohler

是在对最初提出联结理论的 B.L.Thorndike 的反驳的基础上得出的理论。但是，尝试错误理论和格式塔的顿悟学说，代表了解决问题的两种主要取向，两者不是互相排斥而是互相补充的过程。试误是一种分析性的对新经验的获得，而顿悟是一种综合性的对以往经验的运用和升华。从学习过程看，一般的学习都会有尝试过程，学习常通过不断的尝试后得到顿悟。从学习的内容看，简单和熟悉的内容可以顿悟，而复杂和陌生的内容需要分析和试误，把两种过程割裂开来，非此即彼的看法是片面的。

现在我们已经认识到，尝试错误式教学和顿悟式教学是学习者遇到问题时寻求解答的两个主要趋向，实际上是不能绝对化的。尝试错误式解决问题，是由无定向的尝试、重复无效动作、纠正暂时性尝试错误，直至成功的解决问题的一系列反应所组成的。它可能是内隐的认知过程，所以，看不出尝试错误地解决问题，未必就是顿悟式解决问题。顿悟式解决问题，也不一定是彻底的、完全的和即时的，看上去解答是突然出现的，事实上却往往经历着一定的甚至相当曲折的过程。在遇到没有意义联系的问题时，尝试错误式学习是不可避免的。而顿悟式解决问题，则具有一定的“方向”，发现手段与目标之间的联系，而这种联系正是问题得以解决的基础。顿误式解决问题，好像是突然出现的，并伴随着解决问题依据的法则或原理的评价或识别。这种评价或识别可以是内隐的，不能用言语表达出来。期间，问题的条件与想要达到的目标同学习者现有的认知结构有着非人为的、实质性的联系，它含有“超越给定信息界限”之外的意思。它包括通过分析、综合、假设的形成与检验、重新排列、重新组合、转化和协调而产生的信息转换。显然，联结主义指导下的尝试错误就是一种介于这两者之间的解决问题的方式，学习者在目标的指导下，具有了一定的“心向”，同时又进行着有意的伴随着一些无效动作的尝试，当所有暂时性的尝试错误得到纠正以后，问题就得到了解决，在问题的条件与目标之间就形成了非人为的、实质性的联系。学生在课堂里学习技能和解答问题，一般都是属于这种形式。所以后来的联结主义者改进了 B.L.Thorndike 提出的联结理论，且提出了对观念也需进行联结的观点，从某种程度上说，他们汲取了一些别的学派的优秀理论成果，从而使新的联结学习理论能够对学生创新意识的提高起到积极的作用。

1. 对“联结学习”的诠释

联结学习是一个偏正结构的短语，虽然“联结”是修饰语，“学习”是被修饰的对象。但从我的论文写作角度来看，更应侧重于对“联结”的阐述，以此来体现论文的研究特点。

就字面意思而言，《新现代汉语词典》中作解：“联”[join；link]，有“连结”之意。“连”[link；join；connect]，有“联结”之意，“连”通“联”。“联结”[bind；tie；join]，结合，连接。

《朗文英汉双解词典》中解释“link”为 to join or connect。由于联结主义和联结学习理论作为一种系统的理论是由国外引入国内的，而我国对“Linking learning theory”有联结学习理论、连结学习理论等译法。综上所述，联结学习理论与连结学习理论只有字面上的不同，而无实质性的差异。为了方便研究，本文在写作过程中一律称为“联结学习理论”。

2. 对联结学习、数学联结学习的相关研究

对“联结学习”和“数学联结学习”的解释教育界众说纷纭，从不同的角度看联结学习，侧重点也会有所不同。

（1）基于脑的联结学习。从神经可塑性的角度来看，新的神经元能被创造出来，这一过程被称为神经元起源。文化教育者不仅仅是去教育孩子，也在生理上塑造大脑并且决定孩子成为哪种类型的人。因此，学习是生理性的，并且所有的学习依赖并调动着生理。教育的最佳形式是要为学生提供复杂的、经编排的经历，并且在经历中镶嵌着课程的内容。基于脑的联结学习的基础是不同学科之间的联系，且共享脑所能辨认和组织的信息。

（2）基于教学设计的联结学习。联结学习理论的教学设计是在传统教学设计的基础上的改进，是一种创新性的教学设计。教学设计的联结学习理论（Linking learning theory）最初由 Robert D. Tennyson 和 Rasch（1998）提出，后由 Robert D. Tennyson（2002）修改。该理论的核心是两个方面的联结：一是学习理论与教育目标、具体学习目标和教学处方的联结；二是学习时间的具体分配与期望达到的教育目标和具体学习目标的联结。该理论是基于行为的、认知的和情境的学习理论。联结学习理论的教学设计也就是联结的具体化，即教学设计成分与教育目标的联结。修正后的联结学习理论将教学设计

分为6个子成分：认知次系统、具体学习目标、学术学习时间、教学处方、教学模式和学习者评价。将教育目标定为两个子目标：知识和技能的获得；知识、技能和策略的运用、精加工、建构。6个子成分与两个子目标交叉联结便形成了联结学习理论的架构——一个6×5的矩阵（下表）。

表　联结学习理论

教育目标					
教学设计成分	知识和技能的获得		知识、技能、策略的运用、精制、建构		
认知次系统	陈述性知识	程序性知识	情境性知识	分化和整合	建构
具体学习目标	言语视觉信息	智力技能	情境性技能	认知技能或策略	创造性
学术学习时间	10%	20%	25%	30%	15%
教学处方	讲解	练习	问题定向	复杂一动态	自我管理的经验
教学模式	说教的	辅导的	模拟现实	虚拟现实	实验的
对学习者评价	客观	表现性	真实性模拟	真实性虚拟	档案袋

由上表可知，学生的创造性属于知识、技能、策略的运用、精加工这一目标维度，因此在培养学生数学创新意识时，教学设计的6个子成分要有相应的侧重。在进行联结学习的教学设计时，要侧重考虑分化、整合的知识和情境性知识。

（3）基于数学学科特点的联结学习。数学教育的重要成果之一，是将数学作为一个统一的学科，认为数学知识内部是相互联结的。如数的概念与几何问题是紧密相连的，又如通过数学的转换，会发现数学主题的丰富多彩与相互联系；数学也不是一种孤立的知识体，在教学中只有将数学与学习者所体验的具体情境联结起来，数学才更有效。数学联结包括概念性与过程式知识的联结，在其他具体学科中数学的应用，在日常生活中数学的使用，数学是一种被整合的整体，要用数学思维和模式解决其他学科中出现的问题，使用和评价数学主题之间的联结，再认相同概念的类似表征。

三、数学联结学习的本质

George Siemens 提出联结学习的 8 个属性（attributes）：最主要的特征可概括为学习和知识存在于观念的多样性中；核心部分是能够发现概念间、思维间和观念间的联结；目的是为了不断更新知识、精确知识；以知识网络状的结构存在于学生头脑中的，而这个知识网络联结图的基本结构是结点和联结器（Connection）；学习是动态的过程，是联结结点和信息资源的过程；结点又分为三种类型：静态结点（Static nodes）、动态结点（Dynamic nodes）和自我更新结点（Self-updating nodes）；而联结器可以看作是动态结点和自我更新结点在运动变化过程中所形成；联结学习还强调掌握新知识的能力比掌握更多知识的能力更重要。这充分说明了联结学习对学生创新能力的关注。

徐斌艳老师在《数学教育展望》一书中将数学联结的本质归纳为：统一的主题、数学过程、数学联结器。统一的主题可归纳为“变换、数据和形状”三个方面。涉及数学联结的数学过程包括表征、应用、问题解决和推理，这四种活动应该贯穿儿童到成人的整个数学学习过程，每个阶段都有特定的、适当的活动，但不是强制的。数学联结器包括数学思想和图表。从这一角度来看，统一的主题属于知识结点，数学过程可归属于思维结点及思维结点与其他结点的联结过程，而数学联结器则主要从属于观念结点的范畴。

四、思考与启示

将联结主义的结构与数学学科的特点结合起来考虑，可以发现它能系统地、层次性地概括出数学学习的静态和动态结构。依据 George Siemens 的知识网络联结图的基本结构并参考徐斌艳老师的分类标准，再结合数学的学科特征，可以更完善地概括数学联结学习的过程。

数学是一门抽象性的学科，作为教育者要执行的任务不仅仅是传授学生知识，还要在教学过程中锻炼学生思维的敏捷性，而最终的目标则是要使学生的观念有所提升。尤其在这个知识呈指数形式递增的时代，学生只有更新观念才能为创新打下基础。

知识、思维和观念即是联结学习网络图中的结点。知识可以看作是静态储蓄型结点，思维可以看作是动态转换型结点，而观念则可以看作是自我更新型结点。这里的知识既指狭义的数学概念、定理、公理、数据、形状等，又指与数学有关的学科间知识和日常生活中的知识等；思维则指表征、推理、问题解决、问题应用等过程；而观念则是指能够起指导作用的数学思想或者是其他对数学学科有影响的思想。

在各类型结点相互联结的过程中，作为自我更新结点的观念可以指导知识和思维的联结取向，因而自我更新结点在动态更新过程中起着联结器的作用，我们权且称之为主联结器。作为动态转换型结点的思维可以在知识的联结和观念的联结过程中起到连通的作用，因为无论是在储蓄知识的过程中还是在更新观念的过程中，都需要思维的运转。要想建立知识结点与观念结点的联结，思维结点起着承上启下的作用。由此可知，思维结点在知识网络联结图中也是动态的，因此它除了是结点外，还起着联结器的作用，思维结点的联结更侧重于联结的流畅运用。从这个角度来讲，我们权且称思维转换为次联结器。

为了更加清晰地分析知识网络联结图中各个结点之间以及结点与联结器之间的关系，笔者构造了静态知识网络联结图——联结学习环（图 6-1），并对其意义加以说明。

在静态知识网络联结图中，只着眼于将知识、思维和观念看作相对静态的结点来考虑各结点间的关系。将知识的储蓄联结作为联结的第一阶层，思维的转换联结作为联结的第二阶层，观念的更新联结作为联结的第三阶层。这三个阶层是逐步递进的。只有以充足的、必备的知识为基底，才能为思维的灵活转换提供前提。因此，思维能够灵活地转换联结是对知识联结的提升。思维在进行联结的过程中，思考角度、思考路径可能会进行多次转换，当一种思维类型经过多次强化，由量变达到质变时，就实现了观念的更新。因此，从思维的转换联结到观念的更新联结是一个相对于个体来说的一种思想方法上的突破，是一个升华过程。

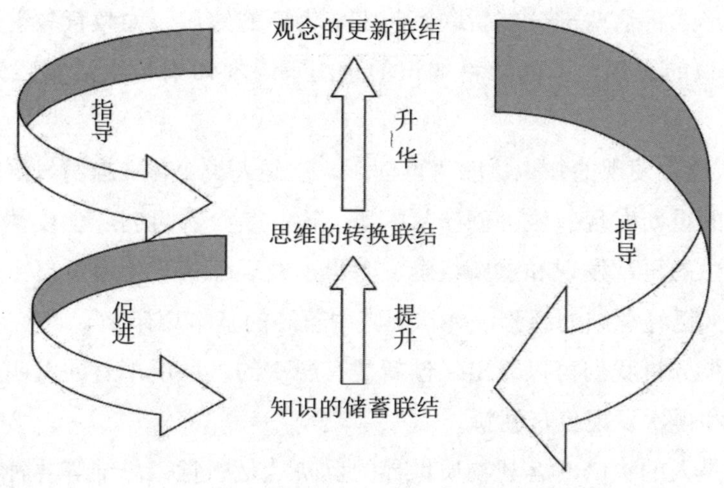

图 6-1　静态知识网络联结图——联结学习环

在静态知识网络联结图中，上级阶层对下级阶层起着指导联结的作用。观念是一种指导思想，因此观念的联结会影响并指导知识的联结及思维的联结，同时，思维的转换会为知识的储蓄提供方向。思维在不断的转换过程中促进知识的积累，并促进知识间的相互联结。

第二节　联结学习对培养学生数学创新意识的理论研究

创新（Innovation）一词据考查起源于拉丁语里的“Innovare”，意思是更新、制造新的东西或改变旧的东西。在我国，“创新”一词早在《南史·后记传·上·宋世祖殷淑仪》中就曾提到过，是创立和创造新东西的意思。

1912 年熊彼特首次提出的创新概念的内涵是：“新的或重新组合的或再次发现的知识被引入经济系统的过程。”在这里创新不是一般意义上的“创造新东西”的简单缩写，它包括以下三个方面。

（1）前所未有的发现，也叫“独创”，这是创新的最高层次。就其“创新”的最高层次而言，它与“创造”是同义语。

（2）重新组合的知识，即“综合”。所谓重新组合的知识，就是把原来几种知识联系起来成为一种综合知识，或者把一种知识拆分成几部分，然后再以新的形式将这些部分重新联系起来成为新的知识。如教育教学活动中学科内部知识的重组、不同学科知识的重组、课本知识与生活实践知识的重组等。

（3）再次发现的知识，即“再创”。这是人类个体在自身发展过程中对人类知识的重新发现。这种创新从本质上说，是一种再创，学校教育中表现为中小学生的再次发现和重新组合。“再次发现”指学生通过自主学习，再次发现别人已经总结的经验，并掌握其中蕴涵的基本规律。

从以上分析我们可以看出，创新是有层次的，前所未有的发明是创新，重新组合和再次发现也是创新。

意识是人的头脑对客观物质世界的反映，是感觉、思维等各种心理过程的总和，其中的思维是人类特有的反映现实的高级形式。存在决定意识，意识又反作用于存在。

关于中学生的数学创新意识，《数学新大纲》做了以下界定：“数学创新意识主要是指对自然界和社会中的数学现象具有好奇心，不断追求新知，独立思考，会从数学的角度发现和提出问题，进行探索和研究。”对这一界定的各种理解和分析中，笔者比较认同裴光亚老师的观点。裴光亚老师认为，数学创新意识包括三个要素：一是创新品质，属于动力系统，包括好奇心、求知欲、怀疑感和批判精神；二是创新思维，属于智力系统，强调独立思考；三是创新方式，属于工作系统，关于问题的一个序列，即发现、提出、探究。这三个系统不是相互独立的，它们之间没有明确的划分界线，它们是相互联系、逐步递进的。

数学创新意识是数学创新活动的动力，没有数学创新意识，就不可能有数学创新行为和活动，就不可能形成数学创新能力。在国家大力提倡培养创新人才的前提下，我国近几年开始重视对学生创新意识的培养，但在当前中学的数学教学中，对学生创新意识的培养方面还存在一些问题。

一、当前中学数学教学在创新意识的培养方面存在的主要问题

在教学环境方面，我国传统教学体制中的一个弊病是大部分的教学方法

都是以教师为中心，采用灌输式的教法，课堂教学僵化、呆板。这严重影响了学生学习的主动性，也不能很好地调动学生的兴趣，更谈不上创新意识的培养。

在实际教学中，多数数学教师还是采用“掐头去尾”的教学方法，忽视了对学生创新意识的启蒙和塑造。“掐头去尾”忽略了概念的形成和定理发现的过程，很容易给学生造成一种错觉，认为数学就是一步步地推导，只有推理没有猜测，只有逻辑没有艺术，只有抽象没有直观，只有理性没有想象，使学生对数学望而生畏，敬而远之，学了多年数学，但始终未能把握数学精神，更谈不上用数学的眼光和思想方法来认识周围的世界，这种教学方法严重妨碍了学生创新意识的发挥，不利于提高学生的素质。

教师一般只注重培养学生的解题能力，忽视了学生创新能力的培养。具体而言，教师只注重数学学科部分知识点与思维的联结，而忽视了学科外知识点与数学知识点的联结，学科外知识点与数学思维的联结，也忽视了学生的知识、思维与观念的联结。而这些被忽视的联结过程，正是学生数学创新意识得以提高的契机。

如何才能改善课堂教学环境，改进教学过程，在使学生牢固掌握数学基础知识的基础上，提高学生的数学创新意识是非常值得教育者研究的课题。

二、联结学习培养学生数学创新意识的策略构想

根据前文的分析，要使联结学习达到培养学生数学创新意识的效果，采用情境教学的策略是必然的。Robert D.Tennyson 在 2002 年修改的教学设计的联结学习理论（Linking learning theory）中提出了联结学习理论的教学处方为：①讲解策略；②练习策略；③问题定向（problem-oriented）策略；④复杂—动态（complex-dynamic）策略；⑤自我管理的经验。Tennyson 认为，问题定向策略和复杂—动态策略都包括情境单元的教学。

在学习时间的分配方面，传统教学用绝大部分的教学时间来学习陈述性知识和程序性知识。联结学习理论认为，如果想提高问题解决能力和创造性，就应该用 70%的教学时间来学习和思考涉及情境性知识的获得、知识和技能

的分化（整合）及建构。不管联结学习中情境性知识的学习部分应该占多少比重，不可否认的是教学情境的设置是联结学习课堂的一个特征。在创设情境的前提下，教师应引导学生进行知识结点、思维结点和观念结点的相互联结，在此联结过程中，培养学生的数学创新意识。那么联结学习的情境类型有哪些，如何在创设情境前后引导学生进行有效的联结学习，如何在联结学习的过程中使学生的创新意识有所提高，下文将针对这些问题进行逐步探讨。

（一）联结学习的教学情境类型

虽然联结学习在我国还没有全面普及，但从联结学习的本质来看，与它适应的教学类型应是在情境性教学的基础上进一步加强联结形成的。现在我国中学数学课堂情境大致分为现实情境和低抽象度的数学情境。根据情境具体内容上来分，类型众多，如问题情境、形象情境、发现情境、故事情境、生活情境、游戏情境、实践活动情境、实验情境、竞争情境、情绪情境、教室情境等。笔者认为，在中学数学课堂创新教学中应用较多的有以下几种：问题情境、发现情境、生活情境、实践活动情境和实验情境。这几种情境虽然形式不同，但并不是完全割裂开的，以这些情境类型为参考提出的情境教学是围绕知识、思维和观念的联结而展开的，目的是为了在联结学习的过程中激发学生的好奇心和求知欲，培养学生独立自主地发现问题、提出问题，并对问题进行积极探究的能力，从而提高学生的数学创新意识，培养学生的创新精神。

当前，我国的教学在“创设情境”方面取得了不容忽视的成果，从联结学习的角度看，这种类型的教学注重实践与数学的联结，能够调动学生的好奇心和求知欲。但它的实施一般只将创设情境作为导入新课的一种手段，这只是联结学习的一部分，仅仅包含了创新意识的部分因素。如果将创设情境不仅作为导入新课的一种手段，而且将其贯穿于整个教学活动，那么这种情境教学方式能够在教学过程中创设更多联结学习的机会，提供更多培养学生创新意识的机会。

由于这种教学设计与联结学习理论联系紧密，下文将以联结学习理论为理论支撑，以情境教学为实践依托，以培养学生的创新意识为目标维度，详细地在理论上进行探索研究，并在实践上加以论证。

（二）基于情境教学的“三阶段”横向联结学习

前文曾提过数学创新意识的要素分为多种类型，裴光亚老师认为数学创新意识包括三个要素：一是创新品质，属于动力系统，包括好奇心、求知欲、怀疑感和批判精神；二是创新思维，属于智力系统，强调独立思考；三是创新方式，属于工作系统，关于问题的一个序列，即发现、提出、探究。基于此基础，我们可以得出这样的假设，如果数学创新意识的动力系统、智力系统和工作系统都得到提升，那么学生的数学创新意识将得到相应提升。基于这一假设，可以将情境教学中的横向联结学习从理论上分为三个阶段，以此来分析学生数学创新意识三个系统的相应提升。

第一阶段，引入新课的问题情境，激活知识点间的相互联结，使学生对新知识产生好奇感和求知欲。

丰富的知识储备是创新的基础。人的思维活动主要是由思维主体——大脑完成的。大脑除了将感觉器官所接收的信息进行交换和加工外，还可以将其存储起来，形成记忆表象。当大脑再次受到刺激的时候，立即将记忆表象唤醒，并与其他信息进行对比和交换，从而形成对事物的再认识，如果没有丰富的知识储备，是无法产生创新思维的。泰勒说过：“具有丰富知识和经验的人，比只有一种知识和经验的人，更容易产生新的联想和深刻的理解。”因为知识的广博能促进交叉、渗透、联想，从而产生新的知识生长点。

乔纳森在《学习环境的理论基础》一书中，对情境做过这样的描述：“情境是利用一个熟悉的参考物，帮助学习者将一个要探究的概念与熟悉的经验联系起来，引导他们利用这些经验来解释、说明、形成自己的科学知识。”古代教育家孔子说：“不愤不启，不悱不发。”愤者，心求通而未得之意；悱者，口欲言而未能之貌。启，谓开其意；发，谓达其辞。教师在教学中要在充分了解学生的数学水平基础上，提出在学生“最近发展区”左右的富有挑战性的且学生感兴趣的情境性问题，形成学生未知知识与已知知识的认知冲突、现实生活中的知识与数学学科内部知识的认知冲突，从而形成最初步的知识与知识的联结，调动学生的好奇心和求知欲。

第二阶段，以任务构建解决问题的情境，促使思维与思维间的灵活联结，调动学生独立思考解决问题的积极性。

美籍华人、美国的柏克莱加州大学校长田长霖说：“中国的留学生到美国来，考试的成绩常常会令我们感到惊异；他们怎么这么厉害！可是到了真正做研究的时候，他们就不一定行了，因为他们缺乏独立思考能力的训练。”

要培养学生创新意识的一个关键点是给学生足够的独立思考的空间。教师提出一些在学生“最近发展区”的问题，让学生积极开动思维，进行思维与思维间的联结。

在这个过程中，教学更应强调学生的独立探索，而学生的独立探索既可以对数学抽象知识进行探索，也可以结合具体情境来进行探索。

在联结学习中，完成教师提出任务或解决自己提出的问题的过程首先是学生独立思考的过程，更强调了学生的独立探索。在学生进行猜测、推翻猜测、证明猜测、明确结果的过程中，联结权重不断发生改变，学生的思维积极地进行联结。心理学研究表明，联结主义所谓的学习就是对联结权重的适应性变化，通过联结权重的改变以使输出符合期望。这个联结权重进行改变的过程就是思维进行转换的过程。

在这一阶段中，创新意识的智力系统在学生独立思考的过程中得到了加强。需要强调的是，在提出任务让学生进行探索时，并不是只采用让学生独立思考的教学方法，而应根据实际需要，或采用合作交流学习，或采用活动课型的教学等。但联结学习理论强调的是要给学生独立思考的机会，让学生学习变化着的知识。因此，不管是采用什么教学法，都应给学生一定独立思考的时间和空间，在学生自身思维与思维进行联结的同时，学生的独立思考能力得到提升，即创新意识的智力系统得到加强。

第三阶段，以知识丰富域构建反思的问题情境，提升观念与观念间的更新联结，调动学生发现、提出并探究富有逻辑性和现实性的问题。

这一阶段属于学生之间以及师生之间进行交流的阶段，对问题的交流实质上包括了知识与知识的交流，思维与思维的交流。在前两个阶段的基础上，知识、思维间的相互联结已有一定程度的提高，但主要是学生自身知识和思维的相互联结。而在这一阶段中，学生与学生间的知识和思维可以得到联结。对于学生个体来讲，可以在其他同学的提示下获得新知识或转变新视角。如果说学生以往的知识是在已有观念的指导下进行的建构、联结，那么在这一阶段中，知识、思维的联结则是在老师和其他同学观念的影响下来更新自已的观念，进而进行各种结点间的联结。因此，这一阶段是学生在观念更新的过程中发现问题、提出问题并探究问题的。无形之中，创新意识的工作系统得到了加强。这一阶段的问题可以是数学学科内部的问题或其他学科的问题，还可以是日常生活中的问题。数学学科内部的问题可以加强学生已形成的结点间的联结，学科间的问题和现实生活中的问题则可以使学生发现学有所用，从而激发学生学习数学的好奇心和求知欲，使这三个阶段形成一个良性循环系统。

需要强调的是，横向联结的三个阶段并不是相互独立的。在每一个阶段中，不是单纯地只发生一种联结或只能提高创新意识的一个方面，每一个阶段都会存在各种联结，但我们只是站在提高学生数学创新意识的角度，为了清晰地分析提高数学创新意识的各个系统功能而在每个阶段中侧重于一种联结来分析。

总结上述观点，可以得出以下结论：在知识结点、思维结点和观念结点进行横向联结的过程中，情境教学可以依据横向联结的发生相应地划分为三个阶段，而这三个阶段的实施能够使学生数学创新意识的动力系统、智力系统和工作系统得到相应的完善，从而使学生的数学创新意识得到一定的提高。

在联结学习过程中，并不是只发生横向联结。事实上，在学习过程中，学生的知识与思维、思维与观念、观念与知识之间的联结也是非常紧密的。我们将知识、思维与观念间的相互联结称为纵向联结。情境教学能够提高知识结点、思维结点以及观念结点中自身与自身的横向联结，那么能否加强它们间的纵向联结呢？我们将以情境教学方式为教学背景，站在纵向联结学习的角度来探讨学生的创新意识。

（三）基于情境教学的循环式纵向联结学习

在知识方面，科学结构的演进对学生的知识、思维和观念具有重要影响。从古到今，科学结构的演化经历了一个从笼统综合到纵向分化，再到整体综合化的过程。尤其近半个世纪以来，科学技术的高速发展，一方面在纵向上使学科内部的分化更加精细，另一方面也在横向上使学科之间进一步交叉综合。这种综合不仅使各门学科向广延发展，使它们之间的界限模糊而融合，而且它还是各门学科向纵深发展必须借助彼此的知识和方法的需要。

杜威认为："学校科目相互联系的真正中心，不是科学，不是文学，不是历史，不是地理，而是儿童本身的社会活动。"学生必须以很多不同的方式接触学科内容，其中的很多方式都必须是复杂的、真实的项目。这些项目本质上应该是发展性的，应与工作联系起来。它们应该有助于把学科内容与学生实际生活的世界联系起来。这些项目能产生交流和群体间的相互作用，这种交流和相互作用能使许多人获得发展。它们能成为教学的工具，通过这种工具，可以向学生传授更多的内容。

在对横向联结学习与学生数学创新意识提高的相关性分析中，是以创新意识的三个系统作为衡量标准进行分析的。而在知识与思维、思维与观念、观念与知识的纵向联结中，每一层次的纵向联结都可以通过创设问题情境来增强学生的好奇心和求知欲，从而使创新意识的动力系统得到提升。同时，为了提高学生独立思考问题的能力，教师可以在每一层次的联结中给学生提供必要的独立思考的空间，从而使学生数学创新意识得到加强。此外，在知识与思维、思维与观念、观念与知识的纵向联结的每一层次，教师可以根据实际需要，让学生独立发现、提出、探索问题，或让学生通过交流合作来提出问题，共同探讨。在发现、提出、探讨问题的过程中，学生的数学观念会有发展的空间和被激活的前提，学生数学创新意识的工作系统将得到加强。

从理论上来讲，以创新意识的三个系统为目标维度来分析学生在纵向联结学习中的数学创新意识有无提高，其分析方法与横向联结学习中对学生数学创新意识的影响的分析方法是相同的，在此不再赘述。为了突出纵向联结学习的特点，尤其是为了突出其对培养学生数学创新意识的作用，下文从另一个角度来阐述纵向联结学习对提高学生数学创新意识的作用，即从纵向联结的每一层次可分别提高学生的思维创新意识、观念创新意识和知识的再创新意识这一维度来进行分析，通过每一子成分的创新意识得到提升，反映学生的整体创新意识的提升。

在联结学习中，学生的知识、思维和观念的纵向联结如同科学结构的演进，相当于是一个从知识的笼统综合到思维分化再到观念整合的过程。学生对新知识的学习，首先是教师构造合适的问题情境使学生对已有知识和即将学习的知识进行笼统整合，继而教师在问题情境下精选变式问题，培养学生的发散性思维，在学生的知识与思维进行联结时培养学生的创新意识。此外，在学生的思维和观念进行联结时，教师要引导学生构造“小步距”问题情境，以使学生在观念上的创新意识得到顺利提升。因为思维到观念的联结本质上是量与质的联结，只有注重创新意识的有序性和阶梯性，才能使学生由对思维的创新意识顺利过渡到对观念的创新意识。在新的观念指导下，教师要引导学生对已习得的知识进行总结和评价，在学生自我评价和相互评价的过程中，提高学生对知识的再创新的意识。

这样，在知识、思维和观念相互联结的过程中，学生在知识、思维和观念方面的创新意识都得到了提升。下面基于情境教学对循环式纵向联结学习阶段进行逐一分析。

1. 以数学本质为中轴，构造变式性问题，加强知识与思维联结的自由度，为学生提供思维创新的空间，诱发学生的创新意识

良好的问题情境不仅应当是“标准的”，即具有典型的模式，为吸收或同化其他学习材料提供理想的框架，有利于学生对材料进行抽象和概括，而且应当具有“变式”性，即问题情境的形式和叙述可以不断变化，而基本原则和本质属性保持不变。变式性问题往往揭示条件性知识，注重的是方法。因此，变式性问题情境主要具有这样一些功能：第一，建构功能，即利用变式性问题情境能加深对相应“问题群”的理解和解释，即在知识和思维进行联结时，变式性问题的提出有助于思维的发散，因而为思维的创新提供了更大的空间；第二，整合功能，从微观来看，知识与思维的联结过程属于发散式联结，但从宏观上整体把握可以发现，知识与思维的联结是将输入的信息

问题按问题类型或知识结构整合成一个整体，有利于知识结构向认知结构的转换，这个阶段也为下一个阶段——思维与观念的联结奠定了基础；第三，应用功能，在知识与思维联结的过程中，同时揭示了知识应用的条件，当学生体会到知识能成功地应用于现实问题时，会更加积极地探索数学与现实的联结，而这就是学生创新意识提高的标志之一。因此，教师在构建问题情境的过程中，既要注意基本知识点的中心性，又要善于与其他学科、日常生活进行联结，使学生在对各种问题进行思考的同时，加强对知识点本质的认识。

在知识与思维进行联结的过程中，教师提出的“变式性”问题由于注重了数学学科内部新旧知识的联结、注重对学科间知识的相互联结，从而对激发学生的好奇心以及求知欲有促进作用。当学生的好奇心被激起后，教师在授课过程中，学生会在教师的引导下进行独立思考，意图解决相关问题。因此，在知识与思维进行联结的过程中，学生创新意识的动力系统（好奇心、求知欲、质疑精神）与智力系统（强调学生的独立思考）也得到了联结与加强。这样，在问题的多样性基础上，学生进行独立思考，从而为学生提供了思维创新的空间，学生数学思维的创新意识在这一阶段有望得到提升。

2. 以问题的程序性为基础，构造“小步距”问题情境，加强思维与观念联结的连通度，为学生提供创新的阶梯，培养学生的创新意识

问题的构建要有合理的程序性，即问题的设计要由浅入深，由易到难，层层递进，将学生的思维逐步引向新的高度。构建“小步距”问题情境，就是要善于把一个复杂的、难度较大的课题分解成若干个相互联结的子问题（或步骤）或把解决某个问题的完整思维过程分解成几个小阶段。“小步距”问题情境的构建，首先，必须具有适应性和针对性，即必须针对学生已有的知识、心理发展水平和学习材料的难易程度来设计问题；其次，必须具有有序性和阶梯性，即针对知识的系统性和学生认知发展水平的有序性来设计问题。教师设置的问题应坡度适中，排列有序，循序渐进，形成有层次的开放性系统，并在教学阶段后期进行老师与学生、学生与学生间的交流，这样才能使问题情境所含信息量不断增加，才能使学生产生“有阶可上，步步登高”的愉悦感，也才能兴趣盎然地接受知识，训练能力，体验情感，培养学生的创新意识。

在思维与观念联结过程中，“小步距”问题情境可以在教师的引导下，通过师生交流、生生交流提出问题，进而教师对这些问题进行整理，形成具有阶梯性、层次感的问题，使学生在独立思考、进行交流过程中，一步步由思维意识的创新提高到观念意识的创新。并且在这一过程中，学生数学创新意识的动力系统、智力系统和工作系统都有得到加强的机会。需要强调的是，观念意识的创新并不能在短时期内完成，最少要在一个系统的知识内容学完后，观念才会达到一个新的高度。

3. 以问题的再生性为动力，引导学生对已习得的知识进行总结、评价及应用，加强观念与知识联结的契合度，为学生提供知识创新的契机，激发学生的创新意识

在学生学习新知识过程中，问题贯穿于整个教学阶段。当学生已基本掌握所学的主要内容后，学生的观念会有一定的变化，虽然可能没有达到质变，但会由于知识增多使得观念进行一定的结构重组，此时教师应及时引导学生对已习得的知识进行总结、评价及应用。

可以先让学生自己总结知识结构并进行自评，再在小组内进行讨论，互相阐述各自的总结思路并给予组内成员评价。在这个过程中，学生的知识结构会更加清晰，更加完善，为日后知识的创新提供前提，而且在评价过程中，由于学生思维的相互碰撞，有利于产生创新火花。

在知识、思维和观念的纵向联结学习过程中，横向联结学习也在同时进行着，每一部分的联结过程都是提高创新意识的契机。纵向联结学习与横向联结学习不是相互独立的，而是相互影响的。为了更清晰地分析联结学习与学生数学创新意识的关系，笔者将纵向联结与横向联结解剖开来进行理论分析。但在具体的教学过程中，如果以培养学生的数学创新意识为目标维度来实施联结学习，不仅应从理论上把握联结学习的本质，还应明确联结学习数学教学观的特点，在此基础上着手于具体的教学设计原则、特点、方法等，以期使学生的数学创新意识得到提高。

第三节　数学教学中连接学习的教学模式

由于联结学习既包括学科内部知识、思维与观念的联结，也包括学科间知识、思维与观念的联结，更强调数学知识在日常生活中的应用。因此，创设情境是使联结学习达到理想效果的一种教学手段，也是联结学习得以顺利实施的基本条件。从所查阅到的资料中可以发现，前人对联结学习教学设计方面的有关研究均是以情境教学为主，这些成果可以说明以情境教学作为联结学习的研究实施背景是具有可行性的。

一、基于联结学习的情境教学原则

Winn（1993）表示，要达到情境学习目标主要有三种教学方式：①将学习活动设计成学徒制教学；②提供近似于真实的学习经验，将课堂的学习活动转化为更实际的方式进行；③直接提供学习者亲身经历真实世界的学习经验。Mc Lellan（1996）归纳众多学者的看法提出情境学习理论共包含八项主要元素的配合，这八项元素分别是：①故事情境（stories）；②反思（reflection）；③认知学徒制（cognitive apprenticeship）；④合作学习（collaboration）；⑤辅导（coaching）；⑥多重练习（multiple practice）；⑦清晰表达学习技能（articulation of learning skills）；⑧科技（technology）。很多专家认为，要想获得有用的知识，学习环境必须具有以下特征：真实的背景，真实的活动，专家表现，多种角色和观点，合作，指导和脚手架，反思，清晰表达，综合评价。

根据前人的观点以及联结学习特征，再结合对横向联结学习和纵向联结学习的理论分析，本文认为，课堂中基于联结学习的情境教学应该遵循以下原则。

（一）情境贯穿原则

目前我国有关创设情境的教学已经轰轰烈烈地展开了，但教师一般只将创设情境作为导入新课的一种手段，把情境作为学生从事学习活动、产生学习行为的一个前提条件或背景。在情境贯穿原则下的情境教学则强调情境中隐含的问题，我们称为情境问题，一旦被揭示出来，它就成了学生学习活动的中心、注意的焦点，学生要通过一节课或更多节课才能完全解决这些问题。故情境贯穿原则不是一晃而过的，而是贯穿于教学始末，从一堂课直至整个单元。它既为学生建设性的思考和富有成效的谈话提供了可能，也为学生学习新知识提供了一个触发点。情境也不是披在问题身上的一件外衣，不是作为学生要解决问题的一种装饰，而是与数学内容交织融合在一起，影响学生的思维方式和思考过程，挑战观念，暴露错误，从而对事物形成正确的看法，完善认知结构，激发探究与创新的意识。在课堂上，有了情境做支撑，数学就不是无意义的符号推理游戏，也不再与现实应用背景相脱离。正如Winn所说，应在课堂上提供近似于真实的学习经验或直接提供学习者亲身经历真实世界的学习经验，这样则能够激发学生学习数学的兴趣，或使学生发生认知冲突，还能使学生清楚这类知识可用于解决哪种类型的实际问题，也正是这些情况的发生可以使学生的创新意识有提升的机会。

（二）问题中心原则

所谓问题中心原则，是指联结学习的教学要以提出问题、解决问题为中心，围绕发现问题和探究问题展开教学。

首先，教师通过创设情境，使学生发生认知冲突，培养学生的问题意识。在联结学习中，学生的问题来源一般有三种方式：一是从教材提供的案例和背景材料中发现和建立；二是从教师提供的案例和背景材料中发现和建立；三是在学习数学知识、技能、思想、方法的过程中发现和提出自己的问题并加以研究。要培养学生的数学创新意识，不仅要培养学生提出数学问题的能力，更要引导学生提出“好的数学问题”。在联结学习的教学中，一个“好的数学问题”应具有以下特点：①探索性，能激发学生对问题的迫切追求和欲望；②开放性，同一个问题可能有多种不同的解法或者有多种可能的答案；③推广性，指一个数学问题能够推广或扩充到多种情形，或者是能将所学数学知识推广应用到解决其他学科和日常生活中的问题。另外，在解决问题的过程中，还应鼓励学生大胆运用类比、归纳猜想、特殊化、一般化等方法，寻找解决问题的策略，探求数学问题的解决趋势和可能途径。最后，还要对所解决的数学问题进行反思和交流，进一步揭示问题的本质和规律，加强学生知识、思维和观念间的相互联结，培养学生分析问题和解决问题的能力，养成勤思、善思、深钻的良好习惯和不断探索的科学精神，提高学生的数学创新意识。

（三）评价递进原则

评价递进原则是指数学教学是按照数学的逻辑系统和学生的认知发展顺序由浅入深、由易到难地进行教学，学生的学习和发展也是一个循序渐进的过程。因此，对学生创新意识的评价也应该是循序渐进的。

基于学生联结学习下的教学必须遵循两个序列（一是数学知识的逻辑结构序列，二是学生认知能力的发展序列），逐步展开知识技能和思想方法的学习，逐步实现学生对学科内知识的掌握、学科间知识的巩固及应用，实现思维的灵活运转及技能的形成，逐步实现观念的提升和对思想方法的感悟，从而实现学生数学创新意识的提高。中学数学教学大纲和教科书一般不是以知识形成和发展的顺序编排的，教师作为课程的实施者，要探究某些内容的历史发展顺序和逻辑顺序，并结合学生的认知状况选择合理的顺序进行教学。

在这种教学方法下，学生联结学习的进行也是遵循循序渐进原则的，所以对学生数学创新意识的评价标准应该是递进的。

根据前文的分析可知，数学创新意识的结构包括动力系统、智力系统和工作系统。仔细分析这三个系统结构可以发现，它们之间是逐步递进的。学生只有在对数学学习有了兴趣之后才能自觉且积极主动地进行独立思考，因此，数学创新意识中的动力系统是智力系统的基础。同时，也只有在学生积极思考的前提下才能发现问题、提出问题、探究问题。因此，数学创新意识中的工作系统也是对智力系统的进一步发展。在联结学习下，学生数学创新意识的动力系统、智力系统和工作系统会发生一些变化，所以对它们的评价应该是发展性的。如果学生在联结学习初始就具有良好的动力系统，那么对学生数学创新意识是否提高的评价就要以后两个系统作为标准。

（四）环境辩证原则

基于联结学习的教学环境有两方面需要注意：一是实施于中学数学教学课堂的教学方法要注意数学的本质，把握数学的本质，避免让学生思维过渡发散，偏离教学主题，冲淡数学性；二是由于联结学习的特征是不仅要建立数学学科内部的联结，还要建立学科间和数学与日常生活的联结，所以教师不仅不能禁锢学生的思维，还要给学生提供思维的空间，使学生在知识结点、思维结点和观念结点的联结过程中实现数学创新意识的提高。

在有关提高学生的创新意识的文章中，很多文章都提出要创设宽松和谐的氛围，其中具有代表意义的有“头脑风暴法”中的观点。而在联结学习中，教师除了要注意创设有利于提高学生创新意识的轻松环境外，对课堂的管理也要收敛有度。不可否认，将数学知识与学生感兴趣的其他学科的知识联结起来，有利于提高学生的数学学习兴趣，但数学课程不能没有它的特色和本质。因此，在创设联结学习下的教学环境时要将宽松的氛围和严谨的学风相结合。

在遵循联结学习的情境教学原则下，可以制定出相应的教学流程，但这并不是联结学习必须遵循的流程，而只是在联结学习的理论指导下提出的一种教学模式，这种教学模式的提出是为了使联结学习的教学过程与培养学生数学创新意识的目标有机地结合起来。

二、基于联结学习的一种教学过程分析

（一）国内现有中学数学教学模式综述

1.“传递—接受式”教学模式

这种教学模式属于传统的教学模式，它主要用于系统知识技能的传授。它的基本教学程序是：激发学习动机—复习旧课—讲授新课—巩固运用—练习检查。这种模式的特点是：能使学习者比较迅速而有效地在单位时间内掌握较多的信息，突出体现了教师直接控制教学过程的主导作用。这种教学模

式在开始注重调动学生的学习动机，对培养学生的数学创新意识的影响是有益的，因为调动学生的学习动机能够提高数学创新意识的动力系统。但这种教学模式没有强调数学创新意识的智力系统和工作系统的作用，因此要培养学生的数学创新意识，还可以在这种教学模式的基础上进行改进。

2.“尝试指导，效果回授”教学模式

这是上海市青浦区“顾冷沉教改实验小组”总结出的新型教学模式，它为大幅度提高初中数学教学质量提供了新的经验。它的理论基础是数学教育原理（情境原理、序进原理、活动原理和反馈原理）。它的基本教学程序是：诱导—尝试—变式—归纳—回授—调节。这种模式的基本特点是：充分发挥学生学习的主动性，让学生通过主动探索去获取知识，发展能力，注重教师的指导作用。

对于这种教学模式，如果站在横向联结的角度来审视这种教学模式，可以发现“诱导”过程能够加强学生知识结点与知识结点间的联结，也能提高学生学习数学的兴趣或培养学生的质疑精神，从而使学生数学创新意识的动力系统得到加强。此外，“尝试”阶段是学生进行独立思考的阶段，这一阶段能够使学生数学创新意识的智力系统得到加强。在“归纳”“回授”和“调节”阶段，是学生整合所学知识的阶段，也给学生观念的提升创造了机会。因而，加强了学生数学创新意识的工作系统。这种教学模式从横向联结的角度分析，可以提升学生的数学创新意识。

站在纵向联结的角度分析这种教学模式，可以发现从“诱导”到“尝试”再到“变式”这个过程能够实现知识与思维的联结，从“变式”到“归纳”可以实现思维与观念的联结，从“归纳”到“回授”再到“调节”可以实现观念与知识再更新的联结。因此，这一教学模式从理论上来分析，是可以提高学生数学创新意识的。但由于实验者当时做此实验的目的并不是看学生的数学创新意识是否有所提高，因此实验者没有将这个有联结学习意义的教学模式展开来与学生的数学创新意识结合起来进行分析。

3.“自学辅导”教学模式

这是由中国科学院心理研究所卢仲衡研究员设计提出的新型教学模式，是学生在教师的指导和辅导下进行自学、自练和自改作业，主动获得知识，发展能力（特别是自学能力）的教学模式。它以六条行之有效的学习心理原则，即适当的高而可攀的步子、显露本质特征、尽量采取变式复习、按步思维、运算根据外显（步步有根据）、可逆性联想为理论基础，总结出的基本程序为：启—读—练—知—结。它的基本特点是：突出了学生学习的主体地位，培养了学生作为终身学习能力的自学能力。从培养学生数学创新意识的角度看，这种教学模式能够锻炼学生的独立思考能力和自学能力，因而能提高学生数学创新意识的智力系统，虽然其他两个系统的提升不能在这种教学模式中体现得非常突出，但提升学生智力系统的这种教学方法非常值得借鉴。

4. 引导发现教学模式

引导发现教学模式就是教师根据教材的结构特点以及学生的思想、知识、能力水平，将教材划分为一个一个的发现过程，引导学生通过阅读、观察、实验、思考、讨论、听讲等各种途径去研究问题、总结规律的一种教学模式。它的基本程序是：问题—假设—验证—总结—提高。这种模式的基本特点在于使学习者学会如何学习，怎样加工信息，对提出的假设如何推理验证等。从这种教学模式的流程来进行分析，可以发现这种教学结构对于学生进行联结学习是有促进作用的，并且对于提高学生的数学创新意识也应有一定的作用，因为这种教学模式对于提高学生的数学学习兴趣、提高学生的独立思考能力、动手能力以及提高学生发现问题、提出问题的能力都有一定的作用。

结合联结学习的理论进行分析，根据引导发现教学模式的流程可知，学生知识、思维和观念的相互联结是非常紧密的，尤其是思维和观念的内部及它们之间的联结非常紧密。

因为整个教学过程是以学生为主，学生的思维在不停地运转，尤其从问题到假设，再到验证，再到总结这些阶段，学生以独立思考为主，思维的联结不断加强，从总结阶段到提高阶段，给学生提供了观念提升的机会，且学生的知识结构会更加牢固。因此这种教学模式中体现了联结学习的诸多步骤，且从理论上分析对学生数学创新意识的提高也有一定的作用。这种教学模式中所提到的“问题”，不仅是数学学科内部的问题，还有一些强调情境性的问题，而且提倡情境性问题可以贯穿整个教学活动过程。在此基础上，学生的学习兴趣会更加浓厚，学生知识与思维的联结也会更加紧密，因为知识领域的拓展使思维领域也有相应的拓展。引导发现教学模式更主要的是培养学生的独立思考能力、自学能力，使学生学会学习，而联结学习是为了使学生在知识、思维和观念上的创新意识有所提高。决定创新意识的提高因素之一，就是学生的独立思考能力，因此此种教学模式对于完善联结学习的教学模式是有很大帮助的。

5. 启导探研教学模式

这是由广州市一中谢国生老师在“启发式”教学的基础上发展起来的新型教学模式，是以科学地处理启发诱导和探索研究的关系为主要目的，着眼于发展学生的智力，培养他们科学的世界观和方法论的一种教学模式。它的理论基础是辩证唯物主义的认识论。它的基本教学程序是：启导引路—阅读探研—精讲质疑—题组练习—总结提高。这种教学模式的特点是把数学课堂教学建构为“主导与主学双向活动，研究活动和实践活动”三位一体的结构模式，重学、重研、重用，对数学课堂的创新教学有着积极的意义。

从培养学生数学创新意识角度看，这种教学模式能够在启发引导和精讲质疑阶段提高动力系统，在阅读探研和题组练习阶段，由于学生的独立思考能力能在此阶段得到提升，因此学生的智力系统会加强，而总结提高阶段是学生发现问题、探究问题、升华问题的阶段，所以在这一阶段学生的工作系统会得到巩固。

（二）基于联结学习的一种小学数学教学模式的探索

在联结学习的理论指导下，参考其他数学教学模式的实施，本文所构建的小学数学联结学习的教学模式的基本程序如图 6-2 所示。

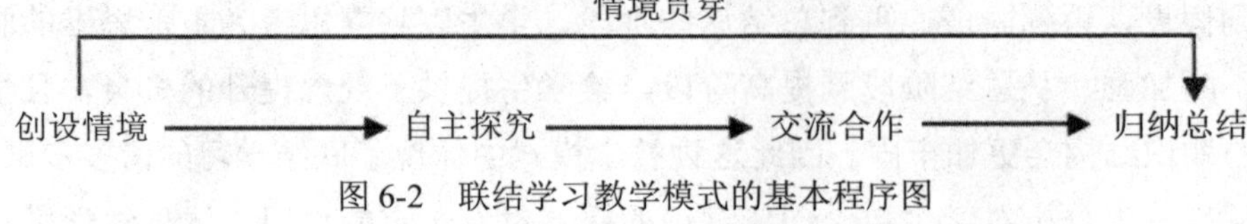

图 6-2　联结学习教学模式的基本程序图

1. 创设情境

在课堂教学开始，首先创设引人入胜的情境，激发学生学习数学的兴趣。由于联结学习下的情境要贯穿整个教学，因此情境的创设必须具有拓展性。

此外，由于网络中的一个单元可能与许多单元发生联系，一个单元通常累加所有输入的信息，当累加信息超过某一阈限时，就输出一个结果到另外一个单元。在这个教学环节中，贯穿整个教学活动的情境作为一个单元，与其他教学环节相互作用。每一个教学环节都会有新的信息输入，在这一过程中，情境的引入不仅是为了引入新信息以激发学生的数学学习兴趣，也是为了累加信息使学生学会用数学知识解决实际问题的方法，加强学生学习数学知识和应用数学知识之间的联结。所以，教师在引入情境之前，要认真创设情境，不能让情境昙花一现，而应创设一个与教学内容紧密结合的、能贯穿于教学始末的情境，这为加强学生的数学联结学习提供了条件，也为学生数学创新意识的发展提供了空间。

2. 自主探究

建构主义的核心观点是“给学生提供思维活动的时间和空间，让学生主动构建自己的认知结构、培养创造力”。由此可见，培养学生的独立思考能力是提高学生创造力的一个前提。学生的独立思考固然重要，但并不是说教师在这一阶段可以无所事事。在这一阶段中，教师对知识的介绍是必要的，当学生对所学新知识有了初步认识之后，教师就应该编制一些变式问题，供学生自主探究。在学生自主探究的过程中，学生进入了独立思考状态，这对提高学生的数学创新意识是必不可少的环节。学生对变式问题的独立研究和探索是学生掌握数学本质的过程，是提供相对于自己来说的知识创新、思维创新和观念创新的空间。在自主探究阶段，教师应该做的是给学生提出处于学生“最近发展区”的问题。维果茨基的“最近发展区”理论认为：“每个学生都存在着两种水平，一是现有水平，二是潜在水平，由现有水平向潜在水平过渡的区间被称为最近发展区和教学最佳区，教学是由一个潜在水平转化为新的现有水平并不断创造新的最近发展区的过程。”在这个创造新的最近发展区的过程中，学生的数学创新意识就得到了提高。

在这一阶段中，联结学习中各个结点间关系的加强是通过学生内部知识的相互转化来实现的。相对于教师教授而言，这一阶段的联结是一种更深层次的联结。因为教师教授是引入新知识的过程，是一种引入结点的联结，而自主探究是学生在教师引入新知识后，自己在探索过程中寻找联结器的联结，是对已引入的知识进行深化的联结。

3. 交流合作

英国教育学者噶斯基博士认为：“从本质上讲，合作学习是一种教学形式，它要求学生在2～6人组成的异质性小组中一起从事学习活动，共同完成教师分配的学习任务，在每个小组中，学生们通常从事各种需要合作或互助的学习活动。”因此，交流合作的效果从某方面来讲是取决于教师所分配的任务。在联结学习中，教师所分配的任务应该注重学生知识结点、思维结点和观念结点的相互联结，所以在学生进行自主探究后，学生对某一知识已经形成了自己的认识，这时再分组让学生进行合作交流，这样做是有效率的，是在学生自我的各个结点进行联结后，再相互间进行联结，不管在知识、思维和观念方面都能使学生的联结加强或重新建立。而且，由于这种教学形式比较容易创造宽松的教学环境，因而有利于提高学生对数学学习的兴趣，有利于学生思维的相互碰撞，从而有利于学生发现问题、提出问题，有利于学生数学创新意识的提高。

4. 归纳总结

这一环节是对整节课所学知识的归纳整理，在师生共同对比分析的过程中，去伪存真、去粗取精，使零乱的知识系统起来，在学生头脑中形成良好的认知结构。在这一过程中，学生在课堂已经建立的联结得到加强，尤其是可以提升观念与知识、观念与思维以及观念与观念间的联结，这一过程的实施，可以使学生分析问题、解决问题、应用问题的思路进一步明确，因而有利于学生数学创新意识的工作系统得到加强，从而提高学生的数学创新意识。

以上是基于联结学习的一种教学模式，之所以称其为“一种”，是因为在一种教学理念下并不是只能创造唯一的教学模式，也不是说一种教学模式应用于各种类型课中（如讲授课、习题课、活动课等），都会取得最佳效果。从文章角度讲，联结学习是为了提高学生的数学创新意识而提出的一种“教与学”的观念，它可以与众多的教学方法整合应用。它的目的是加强学生知识结点、思维结点和观念结点的横向与纵向联结，从而提高学生的数学创新意识。

第七章　小学数学教学中培养学生创新意识

第一节　对小学生数学创新意识培养实践的思考

培养创新思维是我国新课程课堂教学改革的核心，然而，如何创新则是摆在基础教育改革者面前的一项紧迫任务。我们必须以一种新的教育理念、新的教育模式、新的建树去开创教育的未来，为社会培养创新人才。为此，笔者认为在小学数学课堂教学中以下问题值得思考。

一、数学课堂教学中存在的问题

世界各国普遍认为，国与国之间的竞争在于综合国力的竞争，综合国力的竞争在于教育的竞争，归根结底是人才的竞争。“学会生存、学会学习、学会合作、学会实践”是联合国科教文组织对 21 世纪人才提出的基本要求。这就要求学生的主动性和能动性在学习过程中得到充分的重视，教育要在培养学生的问题意识与质疑精神、创新意识与创新能力、动手实践能力、获取新知识的能力、学会学习的能力等方面有所作为。

我国学生的学习大多以被动接受为主，学习方式单一，学生的创新思维、动手实践能力、获取新知识的能力与学会学习的能力较弱。这种状况与教师教学方式单一，课程教学中注重知识的讲解而忽视学习方法的指导；要求学生注意听讲，认真领会而忽视学生的主体参与；重视课本知识、忽视实践知识；很少创设情境，鼓励学生自己动手、动脑获取知识有直接的关系。

当前，数学课堂教学中存在的问题主要有：注重知识传授而忽视能力培养，留给学生思考的时间和空间太少；学生总是被牵着鼻子走；课堂上往往是一个或几个学生的回答代替了全体学生的思维，学习困难生被忽视甚至受到歧视；“满堂灌”与“满堂问”并存；解题与练习仍然是课堂教学的主要内容。在教学过程中，教师是“主角”，个别学生是“配角”，多数学生是“观众”，课堂教学仍然以“教师为中心”。

二、对培养小学生数学创新思维的若干思考

（一）课堂教学观念要创新

人类社会发展的历史，就是不断创新的历史。要创新，首先要解放思想，更新观念。然而，多年来普遍存在着“为应试而教，为应试而学”的倾向，一节课里，老师苦口婆心地讲，学生沉闷地听，反复机械地训练，耗费了大量的时间和精力，严重地扼杀了学生的主动性、积极性和创造性。在这种思想的影响下，评价一节课效果好不好，主要是看这节课里老师是否把知识完完全全地传授给了学生，却很少认真地思考过学生是不是在自主学习、创新思维、实践能力等方面都得到了发展。

这种应试教育的教学思想根深蒂固地影响着老师们的教学观，也影响素质教育的全面实施和高素质创新人才的培养。

现代科学表明，创造性人皆有之，只不过是有人得以发挥，有的人仍处于开发的阶段而已。对于小学生来说，创新主要是指创造性的学习，即在学习活动中独立思考，产生新设想、新方法、新成果的学习。教师要改变那种把教学仅仅当作传授书本知识的狭隘观念，真正把教学当作学习交流和自主探索的过程，改变过于僵化的教育教学制度，建立有利于学生创新思维开发的、灵活而富有弹性的制度。

把培养学生的创新思维和实践能力作为素质教育的重点，就要求在思想观念模式上实行深刻的变革。只有在教师中形成共识，树立全新的教育教学观念，培养学生的创新思维的实施才得以根本保证。

（二）课堂教学内容要创新

要实现教学内容的开放，就要树立新的教材观，要在领会教材编写意图

和尊重教材重、难点的基础上，灵活地、创造性地使用教材。教学内容要向学生的生活开放，能反映学生的不同需求，而不应是教材的机械重复。要使教材成为学生自主学习过程中探索知识奥秘的工具，就要活用教材，使教材为学生的创新服务。

1. 从学生生活实际出发，调整、删减或重组教材内容

如在讲“元、角、分的认识”这节课时，考虑到生活中已很少用到分币，教学时可以先创设问题情境：“1 元钱可以买什么？”让学生“认识元”，知道 1 元=10 角，再“认识角”，最后“认识分”。练习时可适当删去教材中分币的习题，选择日常生活中常见的物品的价格（如一支圆珠笔 1 元 4 角等），以贴近学生的生活实际。课堂上可以通过组织学生开展兑换人民币游戏，模拟商场购物等开放性活动，使学生认识各种面值的钱币，了解进率关系，以培养学生的创新思维与实践能力。

2. 充实教学内容

（1）密切数学与生活的联系，教学中力求从学生所熟悉的生活情境出发，适当选取和补充一些学生实际生活中丰富多彩、生动有趣的素材，以激发学生学习、创新的兴趣。

（2）加入一些有一定弹性的教学内容，有利于不同水平层次学生的发展，给学生的创新提供空间。

（3）适当安排一些具体的实践活动内容。数学知识来源于实践，又在实践中运用，教学中要加强实践活动内容。通过实践，既可以使抽象的数学知识具体化，也是培养学生个性和创新思维的重要手段。

3. 突破教材练习“理想化、标准化”的限制

设计的练习要富于开放性，以培养学生的求异性、独创性。前面提到要允许学生发表不同意见，但如果习题都是唯一答案的标准化题目，那学生如何去创新呢？弗赖登塔尔数学教育研究所曾研究过一道题：甲离学校 10 千米，乙离甲 3 千米，问乙离学校几千米？这道题没有说明甲、乙学校是否在一条直线上，这就使题目有很大的思考余地，呈现出创造性。所以我们应该对教材现有的习题和活动形式做一些必要的改革，适当补充一些非常规题、开放型题。非常规题是相对于学生的已学知识和解题方法而言的，仅仅通过简单

模仿是难以解决的，需要独特的思维方法。在教学中可以提供一些数据让学生自己设计各种不同的问题，自己解答。

4. 实现作业内容的开放

改变布置作业的传统做法，从以前让学生做第几页的哪几道题中开放出来，例如“回去量一量你的床铺的长度”“买一千克重的菜”等作业形式，有助于培养学生的创新思维和实践能力。

（三）课堂教学组织模式要创新

1. 建立平等的师生关系，使学习成为师生间的平等交流活动

在创新思维的前提下，老师不是权威，而是教学过程的组织者、指导者和参与者，老师应该成为学生的朋友，要与学生在平等的条件下，用自己的激情吸引学生一起投入数学学习活动中。教学中要做到用亲切、平等、商量的口吻与学生交流，比如“你能告诉老师你是怎样想的吗？”“你发现了什么？”等。只有这样，学生才会敞开心扉，和老师一起去探索、去发现。

2. 鼓励学生对同一个问题积极寻求多种不同的思路和方法，允许学生自由表达不同的意见

传统教学中，“老师问、学生答”是常用的教学形式，老师提出一个问题后，让一个学生站起来回答，一个答不上再多问一个，答对了，就算全班都懂了。其实，这样的一问一答并不意味着所有学生都懂了，也不意味着此问题只有一个答案。因为大部分学生都没有发言的机会，纵使有不同的想法也得不到机会表达，只好放弃了。这种强制、封闭的教学限制了学生个性和主体性的发展，长此以往，学生容易养成一种服从、保守、循规蹈矩的人格特征。所以，我们在教学中要尽量减少整齐划一的要求，对同一个问题注意用“谁还想说”“谁还有不一样的方法”等话语鼓励学生大胆发表见解。对同一个问题，不同的人由于思维方式的不同，运用的策略也不尽相同。我们要善待新奇的想法，鼓励学生“别出心裁”。所以，在教学中要让学生不守旧于框框，不拘泥于形式，要有独到创见、变换的思维、更新的方法，这样才能有助于学生创新思维的养成。

3. 采取激励的评价机制，做到赏识学生、尊重学生、鼓励学生，注意保护和充分调动每一位学生创新的主动性、积极性

在课堂上，学生勇于回答问题的行为是老师首先应给予肯定的，至于回答的正确与否是次要的，是可以经由学生集体讨论逐步澄清的。老师应更多地关注学生对数学的积极态度和创新热情，特别要注意保护学生尤其是学习有困难的学生的学习积极性。教学中做到不仅是评价学生的做法正确与否，而且要注意评价他们的学习态度、参与程度、交往状态，评价学生自身的发展水平及探索创新的过程。在评价方式上，要注意多种评价方式的结合，例如书面的、口头的、操作的。

4. 关于知识教育重新定位的问题

过去强调“双基”，只满足于学生掌握基础知识和基本技能，只满足于学生会的程度。现在不仅要求学生学会，并且要求其能够理解和运用，并且能将所学的知识与其他知识有机地、系统地联系起来。学生在校期间的学习，不一定要具备完整的知识，但是要注重将知识联系起来、综合起来。这种方式的训练和习惯的养成，慢慢形成定势，学生就会具备终身学习的基础。要将知识当成一种载体、一座桥梁、一种工具，提高学生解决问题的能力。在新的课程改革中，一定不要停留在知识的简单传授上。

（四）课堂教学的方法要创新

在实施新课程改革的过程中，教师要对自己的角色准确定位，教师应引导学生乐学、活学、会学，要创设各种教学情景与气氛，激发学生的求知欲和学习动机，让学生主动学习、乐于学习。在具体的教学实践中，教师巧妙地设计问题，以问题为中心，围绕问题让学生思考，教师要以问引思、以理导思、以变发思、以情激思，引导学生变“死学”为“活学”。教师在教学中还要加强学法指导，引导学生掌握基本的学习方法，使学生形成基本学习技能。著名教育家陶行知先生曾经说过：“对学生要进行六大解放，即解放学生的眼睛，学生才能观察世界；解放学生的嘴巴，学生才能大胆发表自己的见解；解放学生的头脑，学生才能独立思考，大胆创新；解放学生的双手，

学生才能从事科学的实验，从事发明创造；解放学生的时间，学生才能接触大自然，接触社会，取得丰富的知识；解放学生的空间，学生才能学一学自己想学的东西，思考一下自己乐于思考的问题，干一点自己高兴干的事。”所以我认为在教学方法上要坚持“四个鼓励”：鼓励学生积极动脑，勤于思考，教师应采用直观、创设情景等方法，丰富学生的感性认识，激发其动脑的积极性；鼓励学生动手，教师要创设一切条件让学生多实践操作，提高动手能力；鼓励学生动口，畅所欲言，改“一言堂”为“群言堂”；鼓励学生善于观察，教师要注重培养学生良好的观察习惯，教给学生观察的方法、技巧。

（五）课堂教学的手段要创新

在教学已经进入现代化、信息化的今天，“一本教科书、一本教参、一支粉笔加上一块黑板”的原始的、传统的教学手段已经远远不能适应新课程改革的教学需要。所以，我们要充分利用课堂教学所需要的图书资料、实验仪器、多媒体网络等学习资源和手段，为新课程改革的需要提供一切教学服务，从而更好地提高新课程实施的课堂教学效率。

1. 要给予学生充分的鼓励

在《学习的革命》一书中有关提高学习效率的 20 个简单的起始步骤中，前两项分别为：从体育给人的启示开始；敢于梦想。这就给我们一个启示：要鼓励学生相信自己能行，要敢于梦想成功。在课堂教学中可以有机地结合教材内容介绍古今创新成功的事迹。从埃及的金字塔到我国的四大发明，从门捷列夫发现化学元素周期表到比尔·盖茨创立微软事业，都是从梦想开始的。所以，要鼓励学生好奇、坚持、勇敢，更要鼓励学生冒尖，要正确处理照顾大多数学生和鼓励少数学生超常发展的关系，面向全体学生，使所有学生都有所发展。

2. 要给予学生充分的自由支配时间

在“应试教育”的阴影下，在中考、高考的重负荷面前，我们的学生长时间坐在教室里除了读书还是读书，每天有做不完的练习、有无尽头的重复的考试，使一个个活泼天真、充满幻想、充满好奇、富有想象力的学生变成了只会解题的“机器人”，他们哪有时间独立思考，更何谈创新呢？

3. 要给予学生充分的实践

我们必须冲破学科课程的藩篱，使课堂向活动领域、环境领域延伸，从而拓展学生创造的空间。作为教师，在课内必须有意识地培养学生的创造性思维。在新课程改革的今天，我们更要为学生提供广阔的课外活动空间，要正确引导学生将创新活动向生活延伸，增设活动课程、校本课程、选修课程，如团队活动、劳动制作活动、听读写活动、文体活动、计算机操作活动、健康教育活动、心理咨询活动等。

在马克思主义看来，动物的生存与人的生活都是生命活动的存在方式，但两者的根本区别在于人的生活是一种不断地创造新的意义和价值的高级生命活动。因此，在新一轮基础教育课程改革中，实现课堂教学的重建，让课堂教学焕发出生命活力，要求我们必须关注教育主体的生活质量、生命价值和意义，使课堂教学真正成为教师与学生进行不断发现和创新的过程，在发现和创新的过程中去展示个体生命的灵动与飞扬。创新所带给人的精神愉悦是任何物质享受和感官享乐所无法比拟的，那是灿烂的生命之花最深沉、最辉煌的绽放。从某种意义上说，创新是自我实现最高的表现形式。教育作为人道主义的事业，理所当然应该关注个人生命质量的提升。

第二节　小学生数学创新意识培养的策略

一、提高业务素质

十年树木，百年树人。教师是一个国家教育发展的基石，是教育成败的关键因素。所以在教学中一定要强调教师素质的提高，广泛听取各种建议。

（一）强化敬业精神

我国南宋教育家、哲学家朱熹说：“敬业者，专心致志以事其业也。”《中华人民共和国教师法》明确规定：“教师是履行教育教学职责的专业人员，承担教书育人，培养社会主义建设者和接班人，提高民族素质的使命。”教师职业如此重要，更应“专心致志以事其业”。敬业是一个人的事业心和责任感的标志，我国广大教师有着优良的敬业传统，世代相传，具有较强的稳定性和连续性。

敬业精神是教师履行职责，克服一切困难、出色完成本职工作的内在动力。它使教师不仅把教师的工作视为一般谋生存的职业，而是把它当成自己毕生奋斗的事业，它要求教师自尊、自爱、自强、自重，做有理想有作为的人。只有具有了敬业精神，才会有乐业的态度。一个人一旦投入教师职业，就要做到淡泊明志，宁静致远，耐得住寂寞，教师只有具备了这种敬业精神，才能以平和、乐观的态度去面对学生，处处为人师表、教书育人，并从中获得人生的乐趣。教师只有热爱自己的本职工作，才会具有强烈的事业心和责任感，才能树立正确的教育思想，才能取得成绩和荣誉，从而获得事业上的成功。

翻开古今教育家的履历，我们发现他们大多数曾是普通教师，但他们是教师却不是一般教师，除了有爱心、责任感、扎实的学科知识和过硬的教育技能之外，他们还有一些突出的特点：有超于世俗的崇高追求，具有坚定的信念和敬业精神，对事业有着无限的钟爱，并为之不遗余力的投入，以身相许，至死不渝，能够做到像陶行知先生所说的，对教育事业有着“捧着一颗心来，不带半根草去”的奉献精神，有着“为一大事来，做一大事去”的雄心壮志，有着“创造出值得自己崇拜的人”的伟大胸怀。

（二）更新教育观念

当前，传统教育观念仍束缚着教师的思想，表现在以下方面。第一，传统的教师观。在当今的学校，教师的形象是知识的传播者，靠一张嘴、一本书和一支粉笔打天下。第二，落后的教学观。教师单向灌输知识，学生消极被动地接受知识，并以现成的答案为最终和唯一结论，使学生变成书本和分数的奴隶。第三，“师道尊严”专制性的师生观。许多教师在听到学生不同意见时，不是耐心解释，而是用自己的想法束缚学生，甚至给予批评，造成学生不敢提出和老师不同的意见，创造性思维便无从产生，最终变成一群只会听人吩咐，不会思考也不愿思考的学生。

在这种旧的教育观念的束缚下，学生只能是分数和书本的奴隶，个性得不到充分发展，导致思想依附，灵魂萎缩，使得唯师是从、唯书本是从成为普遍性的现象，这种状况令人痛心和担忧。这些不具有独立性、变通性和创造性的未来建设者又怎能适应科技突飞猛进、知识日新月异的变化？又怎能担负起富国强民之重任？因此，教师教育观念的转变和更新特别重要，只有教师具有新的教育教学观念，才能在教学中不断进行改革和创新，才能以优异的素质去主动适应并深入开展素质教育，才能培养出新世纪所需要的创新性人才。

教师要有健康而丰富的审美意识，扎实而精深的专业学科知识以及广泛深厚的学科以外的科学文化知识，有良好的教育教学方法，熟知学生心理，能熟练运用现代教育技术，善于创新和改革，有教育科研能力。开设多元化的课堂教学，尊重学生的主体地位，教师要通过引导、点拨、讨论多种形式，使学生从内心需要出发，忘我地参与到教学活动中来。特别是要有意识地留出“时间空白”，让学生以充分的思考、质疑等自主性活动去填补，形成师生相互交流、其乐融融、共享民主的现代型师生关系。

在信息时代，教学应主要让学生全面、持续、和谐地发展。数学教学是数学活动的教学，是教师和学生之间互相了解和发展的过程。强调数学教学是一种活动，是师生的共同活动，这对于教师树立正确的数学教育观有重要的指导意义。小学数学在教学过程中要实现三维目标，即知识与技能、过程与方法、情感态度与价值观。三者是一个不可分割的整体，培养学生创新意识的意义是让学生创新从自发状态上升为一种自觉的意识，和教学三维目标融合在一起，三维目标的和谐发展有利于学生创新意识的形成。

（三）优化知识结构

教师的知识结构可以分为两部分，即学科知识和专业知识。拥有学科知识，只能说明教师是个“文化人”，拥有专业知识才可以说教师是专业人员，这是教师和一般“文化人”的区别。人人都可以谈教育，多数不过是站在经验的层面上谈教育。真正的教师是站在专业理性的高度谈教育，是按教育规律办事，用教育科学自觉地指导自己的教育实践。教师在加强学科素养的同时，更应该努力钻研专业知识，提高专业素养，特别是对于小学教师尤其应该如此。在当前信息化网络环境下，教师还应该紧跟时代的步伐，提高自己的信息素养，及时汲取新的知识，优化自己的知识结构，应当敏锐地意识到互联网的发展将给教育的发展带来一场革命。

（四）发展创新素质

教师素质是教师在教学过程中形成的不变的职业修养，是教师专业素质和能力的综合表现。教师综合素养的高低决定着人才培养质量的好坏。教师只有具有创新意识和能力，才能实施创新教育，才能在教学中培养学生的创新素质和能力。因此，教师综合能力是学校进行创新教育的关键，创新是教师素质的核心。要求体现在以下几方面。

1. 观念创新

改变思想是教师进行创新教育的前提，创新首先转变思想。不同时期有不同的教育观念和教育思想。现代教育已不再是闭门造车，也不是简单的继承和吸收，而是创新和个性化的教育。重视多种因素、尊重个体差异的教育思想成为现代教育的主流。所以教师在教学中应做到：第一，以学生为中心培养学生自我发展意识，促进学生个性的全面发展。教育是为学生服务的，适合学生全面发展的教育是最好的教育。学生之间存在着差异，而正是这些差异才能有创新和发展个性，没有个性难以培养创造性。第二，学习不是一个时期的事情，而应贯穿于生命的始终。这是 21 世纪的生存概念。法国教育专家保罗•郎格朗在《论终身教育》一文中明确指出：教育不是从儿童开始到青少年结束，教育与生命同行，尤其是当今社会知识呈现裂变式增长，学习不可能在某一时刻停止，而应随时随地地汲取知识和信息。教师热爱学习、终身学习，了解学科发展最新前沿，不断更新知识、更新教材，掌握新的技能，才能有所进步、有所创新，才能让学生发展得更快、更好。

2. 知识结构的创新

现代教育的发展要求教师必须具有综合的文化素质，了解各学科间的知识结构。知识的综合化是现今教育发展的要求，合理设置教材的内容是必要的。在具体实施过程中，要求教师善于从学科交叉、学科对比与学科渗透等方面对学生进行综合教育。同时，要求教师能从系统结构的高度来使用教材，有效地促进学生认知水平的提高。另外，教育内容的社会化和教育技术的现代化也要求教师知识结构多元化。因而，教师既要了解科学知识，又要了解社会知识、人文知识。

3. 具有娴熟的教育素质

教学是一门艺术，而艺术的生命在于创新。教师素质的创新应体现在教学方式、内容、方法、手段及过程的创新上。

创新人才的培养是一种新的人才培养模式。作为教师，不仅要具有新的教学理念，还要在教学行为中探索新的教学模式，通过教学案例研究，进行教学设计，激励学生主动地学习，把教师的“教”与学生的“学”结合起来，引起学生自学的热情，激发学生的学习兴趣，从而达到培养学生研究能力和创新能力的目的。

教学内容的创新是进行创新教育的基础和保证。教师首先要树立“教知识不是教课本”的教育理念。要讲好一门课，需要教师从不同版本的教材中，进行分析和综合，形成自己的思想。首先，在教学中以本科的基本原理为重点，系统地论证和讲解其发展过程和应用价值，以培养学生进行科学知识原始创新的能力；其次，注重应用环节，不仅培养学生理论水平，更重要的是能够引导学生运用所学的理论解决生活中存在的问题，以提高学生进行创造性活动的能力。在这种教学互动中，教师的创新性得以提高和完善。

人格的培养和形成是一个长期的过程。只有在亲密无间、轻松愉快的师生关系中，学生才会积极融入到课堂教学的全过程，才会有新的思维和想法。

高效的学习必须有学生的积极参与，而参与的程度却与学生学习时产生的心理体验密切相关。这就要求教师在教学中改变居高临下的意识，爱护学生的自尊心，尊重学生的想法，鼓励学生积极参与，相互探讨。

二、明确教学目标

创新意识的培养是数学教学的目标之一，但创新意识并不否定原来的教学目标，而是在原来的基础上给予更高的要求。创新素质是学生素质的核心，整个教学都要围绕学生的创新素质展开，从而完善和深化小学数学教学目标。

三、把握教学原则

教学原则是指“进行教学必须遵循的基本要求”。在数学教学中，一般遵循的教学原则有普遍性原则，即教学要面向全体学生；发展性原则，即教学要着眼于学生的发展，尊重学生的个体差异。我们认为要培养学生的创新意识，还要多关注以下几个方面的教学原则。

（一）主体性原则

主体性是人的本质特征，在构成上有三个层次，即自主性、主动性和创造性。学生是学习、发展的主体。学习是学生主动建构知识的过程，这一过程是别人无法替代的。一切知识只有通过学生自身的活动，通过他们自己的大脑和双手才能够内化为自己的一部分。如果在教学中没有发挥学生的主动性，根本就谈不上主体的发展。认知心理学派的代表人物布鲁纳曾经说过，知识的获得是一个主动的过程，学习者不应是信息的被动接收者，而应该是知识获取过程的主动参与者。荷兰著名数学教育家弗赖登塔尔在其《作为教育任务的数学》一书中说：“学习数学唯一正确的方法是实行‘再创造’，也就是由学生本人把要学的东西自己去发现或创造出来。”教学中不突出学生的主体性，学生的学习将非常被动。“要我学”和“我要学”是有很大区别的。比如，为了激发学生刻苦学习，教师常举“头悬梁，锥刺股”的例子。

要看到，这里有一个主动和被动的问题，若是主动，学习者可能觉得苦中有乐，而不觉其苦；若是被动，恐怕半分钟也难以支撑。

（二）辩证性原则

教学的目的是为了促进学生全面发展，这要求教师在教学中要辩证性地处理问题，以求教学的全面性。一是直观与抽象。小学生以形象思维为主，教学中教师多采用直观教学法，但是在教学的过程中，要有意识地训练学生的抽象思维，这是学生思维发展的趋势。二是发散思维与聚合思维。许多教师认为培养学生的创新意识，就是多训练学生的发散思维，而忽视了聚合思维的培养，事实上，许多规律的发现，还要靠聚合思维来归纳总结。教学中不可偏向一方，保证学生的思维和谐发展。三是课内与课外。这一点要求教师把它视为一个整体，综合考虑，不要认为教师仅仅只负责课内的事。四是知识的点与面。法国思想家卢梭说过虽然人的智力不能把所有的知识都掌握，而只能选择一门，但如果对其他知识一窍不通，那他对所研究的那门学科知识也就不会有透彻的理解。

（三）数学化原则

学数学不是把数学当作一个“纯工具”来学，学点知识技能就可以了，关键是要培养学生“数学地”思维，学会“数学地”观察世界和解决问题。例如，有些住校学生浪费粮食和水，每次饭后饭场一片狼藉，白乎乎一片，学生公用水管的水哗哗地流，屡次说教无效的情况下，一位教师让学生调查一粒种子变成饭要经过多少工序，算一算，一个学生一天浪费一升水，1000名住校生一年浪费多少升水？学生一算账，对“粒粒皆辛苦”“一丝一缕，当思来之不易”有了更深刻的认识，浪费粮食和水的现象大为减少。

四、善用教学策略

（一）创设良好环境孕育创新意识

环境是人生存和发展的基本条件，是对人的全部生命历程产生影响的外在因素。好的环境对学生创新意识的形成起着促进的作用。反之，则限制和阻碍学生的创新激情。

1. 建立良好的师生关系

良好的师生关系是学生创新的保护伞。美国人本主义心理学家马斯洛认为，人有五种需要，从低到高依次是生理需要、安全需要、归属和爱的需要、尊重的需要、自我实现的需要。只有低层次需要得到满足，才能实现高层次的需要。创新多半要承担一定的风险和一定的心理压力，尤其是小学生，他们就像一株幼苗，任何微小的伤害都会留下疤痕。心理学研究表明，童年期受到伤害将会在其一生中留下心理阴影。美国心理学家托伦斯研究发现，创造力高的学生多具有三种特征：顽皮、淘气与放荡不羁；所作所为超越常规；带有嬉戏态度，较幽默。为一般老师所不容，一般老师喜欢学生像小绵羊似的斯文规矩。这在我们的教育中也是比较普遍的现象。教师热爱和宽容学生，对学生充满热切的期望和关注是影响学生学业成绩和人格品质的一个重要因素。1968 年，美国心理学家罗森塔尔和雅可布森等人通过试验证明了“皮格马利翁效应”即“爱的效应”的存在。

建立什么样的师生关系，关键取决于教师。建构主义认为应以学生为中心组织教学活动，教学过程中师生关系处于一种平等和互动的合作关系。教师要了解自己的位置。在这种模式下，教师不再是知识的输出者，而是教学环境的设计者。组织学生的学习，开发课程，做学生的知识词典，从表演者转变为指导者。这样的师生关系更利于培养学生的自尊心和自信心，给学生以心理自由，有利于学生创新意识的孕育。

2. 善待学生思维成果

在教学中，教师对学生创新成果的态度影响学生的情绪，这可能提高学生的创新意识，也可能打击学生创新意识的激情。知识并不能对现实做出准确的表征，它只是一种解释，一种可靠的假设，由于学生是在个人理解的基础上对知识进行建构的，知识可以视为个人经验的合理化，而不是说明世界的真理。知识本身也是动态的、发展的。

3. 鼓励学生质疑问难

“学源于思，思源于疑”。质疑问难不仅是一种可贵的学习品质，是学习主动的一种表现，更是培养学生创新意识所不可缺少的。爱因斯坦曾说：“提出一个问题比解决一个问题更重要。”创新意识的培养要从问问题开始，鼓励学生发现问题，大胆质疑。一是要善疑，提倡理智的、审慎的怀疑；二是要敢疑，不迷信权威。

（二）强化思维训练激发创新意识

思维能力是人最重要的能力，是人能力的核心。一个人智力高低、能力大小都与思维能力有关。教学也多数是为了培养学生良好的思维品质，提高学生的思维能力。

1. 培养求异思维

求异思维是指对问题的处理没有固定答案或存在多种不同答案的思维活动，它可以拓展学生的思维空间，使学生多方位、多角度地看问题，对于打破学生的定势思维有很大的好处。

创新思维在某种程度上是求异思维与求同思维的统一，但更多地表现为思维的求异性。开放题教学能引导学生克服思维定势，从数学知识的不同角度、正反方向进行审视，得出新颖独特的见解，能有效地培养学生的求异思维。

2. 培养联想思维

联想就是在头脑中由一件事物想到另一件事物的思维过程，联想在培养学生创新思维中有着积极的重要作用。通过联想，能唤起学生对已有知识的回忆，通过知识之间的内在联系，使知识系统化，建立起完整的认知结构。开放性的联想题能开阔思路，认识新事物，产生新的设想。

3. 鼓励发散性思维

发散性思维是创新思维的主要成分，对创新有重要作用。由于开放题结果的多样性和解题策略的不唯一性，不同的学生常常有不同的解题策略并得到不同的结果，这为学生与学生之间进行数学交流提供了较大的空间。学生通过对开放性问题的探究，能体会到同一个数学问题可以从不同角度去观察，可以有不同的解决方式，相互之间受到有益的启发。

（三）培养自主探索形成创新意识

学生学习的过程是一个知识再次组合和排列的过程，这个过程只能自己做。让学生掌握自学的方法和形成自学的能力是很重要的。要充分认识到发挥学生主观能动性的重要意义，使学生养成自学的能力和习惯。基于此，应从以下几方面做起。

1. 合理给予学生自由时间

学生学习的过程是一个对知识再整理和建构的过程，这个过程不是被动地接受，而是主动地探索。而探索需要有足够的时间保证。由于学生的个性差异，不同的学生在学习中，对知识的掌握和理解的速度是不一样的，因此，教师要注意各个学生的差异性，合理地安排学生自主学习的时间，减少教师上课的时间，使每个学生多一些时间去思考和表现，增强实践经验，多读一些课外书，增加知识储备。

2. 创设适当的教学情景

适当的现实教学情景是很重要的。心理学认为，知识的应用和迁移属于同一性质的问题，即人们正是通过知识的利用实现知识的迁移。数学是一门研究现实世界数量关系和空间形式的科学，它具有思维性强、逻辑严密、内容抽象等特点。因此，在小学数学教学中，教师要注意改革教学方法和对学生学习兴趣的培养，创设适当的教学情境，对于培养学生自主探索的能力是有益的。

创设恰当的教学情境，要从学生的学习兴趣入手，搞清楚学生学习中的快乐因素。有兴趣才有学习的动力。产生了兴趣，学生的心理活动就会处于充满激情的状态，富有满足感和愉悦感，思维活跃，注意力集中，主动学的意识增强。这时，学习将由被动变为主动，正是“知之者不如好之者，好之者不如乐知者”的教育思想在教学中的具体体现。我们要积极探索，大力倡导。为此应做到：

（1）教学过程要生动有趣，枯燥问题趣味化；

（2）让学生参与教学的过程，静止问题动态化；

（3）教学方法要因人制宜，抽象问题具体化。

课堂教学中，我们习惯于教给学生的是给定的数据，但是在生活中，要解决问题却要靠他们自己去寻找数据，有一个探究、发现的过程。事实上，很多数学问题是在实际应用中发现的，从而推动了数学的发展。例如，著名的“哥德巴赫猜想”是1742年德国业余数学家哥德巴赫在教学中发现的，著名的“四色猜想”是1852年英国的弗南西斯·格思里在一家科研单位从事地图着色工作时发现的。

以上四项对策是一个整体，互为补充，其中教师形成创新意识、发展创新素质是培养学生创新意识最重要的条件。

参考文献

[1] 范嫦娥. 中学生数学教学中学生创新性思维的培养[J].教学与管理，2003，27:65.

[2] 苏显清. 在数学教学中加强学法指导，培养创新能力[J].中学数学教学参考，2002.

[3] 王文青. 自主学习与创新意识培养数学课堂[J].中学数学教育学，2005.

[4] 曹才翰. 数学教育学概论[M].江苏教育出版社，1994.

[5] 俞国良. 创造力心理学[M].浙江人民出版社，1996.

[6] 段继构. 创造性数学通论[M].吉林人民出版社，1999.

[7] 余红霞. 挖掘课堂教学功能，培养学生创新意识[J].高中数学教与学，2005.

[8] 徐方瞿. 创新与创造教育[M].上海教育出版社，1998.

[9] 任樟辉. 数学思维论[M].吉林人民出版社，1996.

[10] 邵瑞珍. 教育心理学[M].上海教育出版社，1988.

[11] 张大均. 教育心理学[M].人民教育出版社，1988.

[12] 金一鸣. 教育原理[M].安徽教育出版社，1995.

[13] 郑君文，张恩华. 数学学习论[M].安徽教育出版社，1995.